主　编 厉　声

副主编 李　方（常务）　李国强

编委会成员（按姓氏笔画排列）

于　永　于逢春　马品彦　王利文　方　铁　厉　声　冯建勇
毕奥南　吕文利　许建英　孙宏年　孙振玉　李　方　李国强
张永攀　周建新　孟　楠　段光达　倪邦贵　高　月　崔振东
翟国强

中国社会科学院中国边疆史地研究中心　**厉声　主编**

当代中国边疆·民族地区典型百村调查：**内蒙古卷（第二辑）**

分卷主编：于　永　毕奥南

扎鲁特旗地图

扎鲁特旗蒙古文地图

村主任额尔敦毕力格

别德琪琪格老人

精美的烟袋

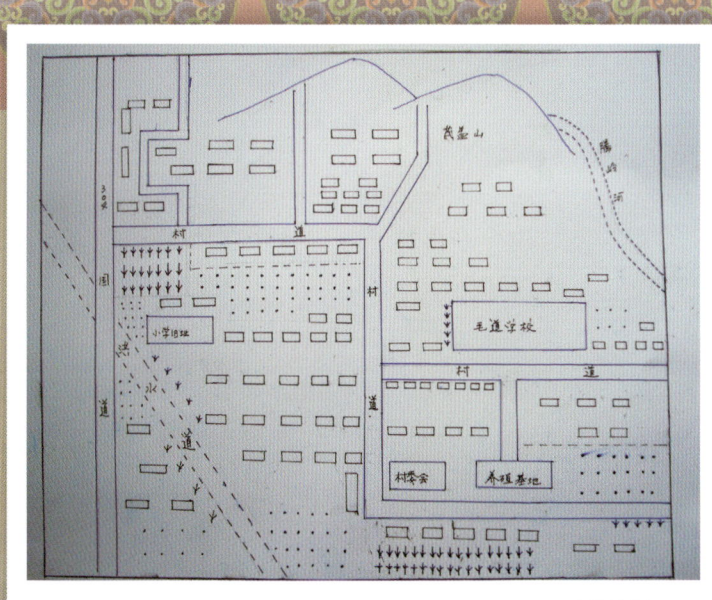

村示意图

皓月育肥牛养殖基地

沙化的村道

树林沙地交错区

304国道桥下洪水道

精制的火药囊

马鞍

电话

精美的蒙古靴

各种火药囊

收音机

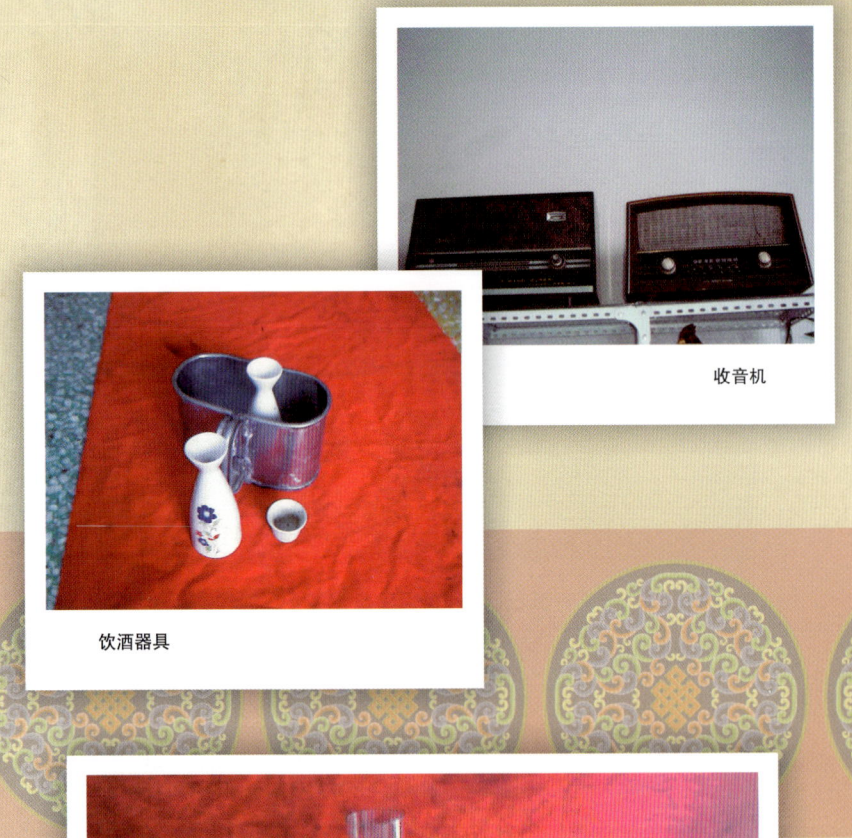

饮酒器具

油灯

中国社会科学院中国边疆史地研究中心
当代中国边疆·民族地区典型百村调查：内蒙古卷（第二辑）
厉 声 主编

茂盖图山下的农牧演替
——内蒙古扎鲁特旗鲁北镇宝楞嘎查调查报告

金 泉 ◎ 著

社会科学文献出版社
SOCIAL SCIENCES ACADEMIC PRESS (CHINA)

"当代中国边疆·民族地区典型百村调查"
总 序

　　深入实际、开展国情调研，是中国社会科学院肩负的重要科研任务，也是中国社会科学院履行好党中央、国务院赋予的"思想库"、"智囊团"职能的重要方式。中国边疆省区占国土面积的60%以上，边疆区情及当地的民族社会调研（边疆调研）是中国国情调研的重要组成部分。正如一位边疆工作者所说：不了解少数民族，就不了解中华民族；不了解边疆，就不了解中国。1983年中国社会科学院中国边疆史地研究中心建立后，特别是1990年以来，一直将边疆调研作为学科研究的重点之一。

　　2004年，中国边疆史地研究中心承担国家社科基金特别项目"新疆历史与现状综合研究"（简称"新疆项目"）。2006年，中国边疆史地研究中心牵头，立项开展"当代中国边疆·民族地区典型百村调查"（简称"百村调查"），作为此特别项目的子课题。"百村调查"以新疆为重点，在全国新疆、西藏、内蒙古、宁夏、广西五个民族自治区和云南、吉林、黑龙江三省基层地区同时开展，共调查100个边疆基层村落。调查工作在"新疆项目"领导小组和专家委员会指导下，由"百村调查"

专家委员会暨编委会组织实施。在中国边疆史地研究中心主持拟定的调查大纲框架下，发挥每个省区的优势，体现各自的特色。

本项目的实施得到了边疆地区各级地方党政部门的支持。首先，调查工作注意与地方党政部门的相关工作衔接、听取意见，在实施调查之前，主动向各级党政部门汇报情况，听取指示和意见。其次，调查组主动让各级党政部门了解调研的全过程，在调研过程中出现问题时及时向相关党政部门请示。再次，调研阶段成果和最终成果的副本同时提供地方党政部门参考。

"百村调查"的调研主题是：改革开放30年来中国边疆基层村落的民族社会和经济发展的历史与现状。具体内容包括：乡村概况、基层组织、经济发展、社会生活、民族、宗教、文教卫生、民俗风情等。项目调研的时间是：2007~2008年（资料下限至2007年底或适当延长）。

"百村调查"的调研对象为：100个具有典型意义与特色的中国边疆基层村落。课题以基层乡、村两级为调查基点，大致每个省区选择2个地州，每个地州选择1~2个县，每个县选择2个乡，每个乡选择2个村。新疆共调查22个村，其他地区均为13个村（辽宁、吉林、黑龙江以东北边疆为单元，共调查13个村）。调查点的选择要求：

（1）本地区社会稳定与经济发展中具有典型意义的基层乡和村。

（2）存在边疆现实政治、社会或经济发展的热点、难点问题。

（3）与20世纪50年代全国边疆民族调查能有一定的衔接。

"百村调查"采取学术调查与现实政治相结合的方法，以社会人类学入村入户调研方法为主，同时关注现实政治、社会与经济发展中的热点、难点问题：一般共性调查与专题专访调查相结合，在一般综合性调查的基础上，选择好专访或专题调研的"切入点"——总结经验与完善不足相结合，在总结各项工作经验的同时，善于发现问题和提出解决问题的对策与建议。调研注重入户访谈和小范围座谈的专访调查。在一般性问卷和统计资料收集的基础上，注重对基层干部、群众典型、教师、宗教人士等特定人员的专题访谈，倾听和收集他们对基层社会稳定与经济发展的看法、意见和建议，形成能说明问题的专访或专题调研报告。

"百村调查"的成果形式分为调查综合报告与专题报告两大类。

（1）调查综合报告：依据大纲规定，撰写有关乡村经济社会等发展状况的综合报告，课题结项后分期公开出版。专题报告及调查资料可以公开发表的，在篇幅允许的情况下，作为附录附在综合报告末尾。

（2）专题报告：内容较敏感、不适宜公开出版的专题报告，集成《专题报告集》，内部刊印。

"百村调查"总主编　厉声　谨识
2009年8月25日

目 录
CONTENTS

序　言 / 1

前　言 / 1

第一章　宝楞嘎查概况 / 1
　第一节　地理环境 / 1
　第二节　社会 / 21
　第三节　历史 / 25

第二章　经济 / 35
　第一节　农业 / 35
　第二节　畜牧业 / 53
　第三节　商业 / 62
　第四节　养殖业及运输业 / 65
　第五节　外出务工 / 69
　第六节　生产关系 / 70

第三章　政治 / 76
　第一节　党团组织 / 76

第二节 行政组织 / 84

第四章 社会生活 / 88
　第一节 婚姻 / 88
　第二节 家庭 / 103
　第三节 日常生活 / 117
　第四节 人生礼俗 / 191
　第五节 传统时节 / 198
　第六节 社会交往 / 201

第五章 文教卫生 / 206
　第一节 宗教信仰 / 206
　第二节 民间艺术 / 210
　第三节 乡村教育 / 212
　第四节 医疗卫生 / 219

参考文献 / 222

后　记 / 223

图目录
FIGURE CONTENTS

图 1-1　嘎查西部沙化地带 / 4

图 1-2　腾岭河 / 5

图 1-3　博罗 / 6

图 1-4　狼夹 / 6

图 1-5　火药囊 / 6

图 1-6　从巴桑沟延伸的洪水沟 / 8

图 1-7　巴桑沟洪水流进嘎查里的口子 / 9

图 1-8　嘎查周围道路状况 / 10

图 1-9　嘎查东部新建的水泥大桥 / 11

图 1-10　嘎查周围植树造林状况 / 12

图 1-11　宝楞嘎查周围植树造林状况 / 13

图 2-1　王子学经营的杂货店 / 63

图 2-2　邓福莱及其经营的理发店 / 64

图 2-3　邓福莱经营的杂货店 / 65

图 2-4　厂长李浩亮 / 66

图 2-5　养牛棚 / 67

图 2-6　酿酒工具 / 67

图 2-7　304 国道 / 68

图 2-8　养殖厂职工正在工作 / 73

图 2-9　养殖厂一角 / 73

图 3-1　嘎查东部的植树造林状况 / 82

图 3-2　嘎查西部的植树造林状况 / 82

图 4-1　宝楞嘎查妇女联合会主任萨仁格日勒 / 94

图 4-2　宝音特古斯老人全家福 / 114

图 4-3　当地的蒙古靴 / 122

图 4-4　缝纫技艺（枕头边儿）/ 124

图 4-5　缝纫技艺（烟袋）/ 124

图 4-6　羊角刀 / 125

图 4-7　皮制烟袋 / 126

图 4-8　绣制烟袋 / 126

图 4-9　鼻烟壶 / 127

图 4-10　骑马用的鞭子 / 128

图 4-11　赶车用的鞭子 / 128

图 4-12　马鞍 / 128

图 4-13　传统女性头饰 / 130

图 4-14　20 世纪 70 年代宝楞嘎查一家人的典型服装 / 133

图 4-15　20 世纪 80 年代宝楞嘎查青年一代的典型服装 / 134

图 4-16　茶肚子 / 155

图 4-17　斯楞 / 155

图 4-18　弧顶形房屋侧面照 / 164

图 4-19　弧顶形房屋正面照 / 164

图 4-20　沙发的摆设 / 171

图 4-21　钟的摆设 / 171

图 4-22　旧式客厅布局 / 172

图 4-23　新式客厅布局 / 172

图 4-24　火炕／172

图 4-25　家具的摆设／173

图 4-26　厨房／174

图 4-27　厨房的布局／174

图 4-28　嘎查内发现的勒勒车木轮／179

图 4-29　马印子／181

图 4-30　各种马鞭子／181

图 4-31　包斯日古楞用过的马镫子／183

图 4-32　包斯日古楞用过的马绊／183

图 4-33　在腾岭河桥底下发现的冰车／186

图 4-34　村民听过的收音机／188

图 4-35　村民收藏的名著／189

图 5-1　毛道学校门口的商店／217

图 5-2　毛道中心小学／218

表目录
TABLE CONTENTS

表1-1　宝楞嘎查退耕还林分户统计表（2007年）/ 14
表1-2　2006年宝楞嘎查人口统计 / 23
表1-3　2006年宝楞嘎查民族人口统计表 / 23
表1-4　2007年宝楞嘎查人口年龄组构成情况表 / 24
表1-5　1956年全旗区划乡情况表 / 27
表2-1　2007年宝楞嘎查农户糜黍和荞麦产量 / 40
表2-2　2006年宝楞嘎查20户典型村户农业收入及农业支出对照 / 50
表2-3　2007年宝楞嘎查低保户花名册 / 51
表2-4　2007年宝楞嘎查主要养羊户的投入与产出情况 / 57
表2-5　2006~2007年度布仁白拉、彩云家养羊数收支状况表 / 60
表2-6　2006~2007年度布仁白拉、彩云家养牛数收支状况表 / 61
表3-1　宝楞嘎查党支部党员花名册 / 76
表3-2　宝楞嘎查党支部入党积极分子花名册 / 77
表3-3　宝楞嘎查历任党支部书记名单（2007年）/ 78
表3-4　2007年宝楞嘎查学习新农村建设活动的时间表 / 80
表3-5　2007年宝楞嘎查领导班子花名册 / 84

表目录

表3-6 2007年宝楞嘎查优惠政策公开扶持项目／86

表4-1 2007年宝楞嘎查家庭结构情况数据调查表／104

表4-2 2007年宝楞嘎查单身家庭（五保户）花名册／111

表4-3 宝楞嘎查普通村民一年四季的劳动情况／112

表4-4 宝楞嘎查典型家庭每年食用粮食的次数调查情况表／137

表4-5 宝楞嘎查典型家庭每年面食的食用次数调查情况表／140

表4-6 宝楞嘎查典型家庭每年肉食的食用次数调查情况表／143

表4-7 尼日布、塔日根家（蒙古族，一家四口，两个女儿在外打工，较贫困）／160

表4-8 包斯日古楞、迎春家（蒙古族，一家六口，夫妻俩、一个儿子上学、两个哥哥、老母亲，一般贫困）／160

表4-9 布仁白拉、彩云家（蒙古族，一家四口，两个孩子在镇上上学，中等水平）／160

表4-10 包金山、德力格尔呼家（一家三户，夫妻俩在毛道学校任教，孩子2岁，中等以上水平）／161

表4-11 王子学、索莲家（汉族，一家六口，两个孩子、两个孙子，上等水平）／161

表4-12 田阿木日、扎拉噶家（一家四口，两个女儿在读书，贫困）／161

表4-13 宝楞嘎查典型村户家庭生活用具统计表／175

表4-14 宝楞嘎查典型村户房屋支出状况统计表／177

表4-15 宝楞嘎查10户典型村民的文化生活支出情况

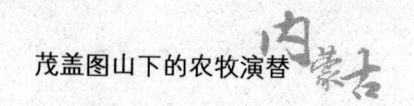

表 / 190

表 4 - 16　2006 年宝楞嘎查 20 户村户人际交往的支出一览表 / 205

表 5 - 1　毛道学校 2007 年 7 月在校生人数表 / 214

表 5 - 2　毛道学校课程安排及每周课时分配情况表（45 分钟/课时）/ 215

表 5 - 3　宝楞嘎查计划生育服务证发放表 / 219

序 言
FOREWORD

"当代中国边疆·民族地区典型百村调查"是 2004 年度国家社会科学基金特别项目"新疆历史与现状综合研究项目"的子课题。内蒙古自治区既是中国少数民族聚居地区,又是中国边疆地区,于是顺理成章成为这个子课题的有机组成部分。按照课题的整体设计,内蒙古自治区需要调查 13 个典型村。由于多年合作关系,项目主持单位中国社会科学院中国边疆史地研究中心决定依托内蒙古师范大学历史文化学院,委托院长于永教授和中国社会科学院中国边疆史地研究中心的毕奥南研究员共同主持内蒙古自治区的子项目。

接受任务后,根据内蒙古地域辽阔、农村牧区基层社会类型多样的具体情况,在选择典型村时,我们考虑了以下几个标准:第一,选择的典型村应该覆盖内蒙古的东西南北。因为内蒙古东西部经济文化以及地理因素存在诸多差别,南北风貌也不尽一致,所以典型村的选择如果集中在一个地区,很难反映内蒙古作为边疆民族地区的全貌。我们认为应该在内蒙古的各个盟(市)范围内,尽量做到每个盟(市)选择一个村(嘎查)。第二,需要兼顾内蒙古不同地区的不同经济社会类型。广袤的内蒙古自治区有农区、牧区、半农半牧区；有城乡结合地区，还有边境地区；有蒙古族聚居区，有汉族聚居区，还有其他少数民族聚居区，还有蒙汉杂居地区。因此，典型村的选择必须兼顾这些类型差异。

根据上述考虑，我们在内蒙古最东部的呼伦贝尔市（原呼伦贝尔盟）选择了额尔古纳市恩和村。这个村既是中国俄罗斯族聚居区，又是中国东北部与俄罗斯临界的边境村。从该村社会发展可以观察中国边境地区俄罗斯族经济文化变迁轨迹。

在兴安盟选择了科尔沁右翼中旗高力板镇的国光嘎查。这是清末蒙地放垦后形成的村落，经济形态上经历了由牧到半农半牧的演变，在民族成分上是蒙汉杂居地区。由于地理区位上处于两省区（内蒙古自治区与吉林省）三地（吉林省通榆县、兴安盟赉特旗、本旗所在地巴彦呼舒镇）之间，经济发展思路值得关注。

通辽市（原哲里木盟）是全国蒙古族人口聚居比例最大地区。我们在该地区选择了三个村，分别是扎鲁特旗东南部道老杜苏木保根他拉嘎查和扎鲁特旗西北部鲁北镇的宝楞嘎查，以及科尔沁左翼中旗白音塔拉农场二爷府村。这三个村都是蒙古族聚居的农业村落。扎鲁特旗的两个嘎查是清末蒙地放垦以后，在牧业地区逐渐形成的农业村落。新中国成立以后国家在内蒙古自治区建立了很多农场，对于科尔沁左翼中旗白音塔拉农场二爷府村的调查能够让我们对内蒙古地区农场的变迁及其经营现状有一个认识。

赤峰市喀喇沁旗地处燕山山脉深处，是清代前期（康熙）开始农耕化的地区，历经几百年，当地的蒙古族已经汉化，现在是以农业为主业、牧业为副业、汉族人口占多数的蒙汉杂居地区。喀喇旗王爷府镇富裕沟村是内蒙古的山村，对该村的调查能够开启一个窗口，了解内蒙古南部地区农村社会的基本情况。

锡林郭勒盟地处中国正北方大草原，正蓝旗赛音胡达嘎苏木和苏尼特左旗赛罕高毕苏木是典型的牧区，这两个地区保留着传统蒙古族的生产生活方式，受农耕文化的影响比较小。正蓝旗是察哈尔蒙古族聚居区，赛音胡达嘎苏木地处浑善达克沙地，传统牧业经济由于受生态环境恶化影响，已经难以发展。苏尼特左旗地处内蒙古的北部，是紧邻蒙古国的边境旗，因为环境恶化严重，正在执行"围封转移"政策。对这两个牧区嘎查的调查，可以让人们了解到草原生态形势严峻，以及牧业经济发展的困境。进而引发的思考是，在发展经济的同时，蒙古族传统文化怎样迎接社会转型的挑战？

呼和浩特市清水河县的窑沟乡老牛湾村，是内蒙古南部地区与山西偏关临界的一个山村，地处黄土高原丘陵区，临黄河和长城，与山西省仅一河之隔，在清代前期即有山西移民进入，是山西移民在内蒙古组成的汉族村落，也是有名的贫困地区。调查者以扶贫挂职方式深入当地生活，与当地干部密切合作，回顾历史发展历程，探索新的发展思路，尝试揭示这个村的前生今世。

呼和浩特市土默特左旗小浑津村是城乡结合部的蒙古族村落，这里蒙古族居民的语言和生产方式已经汉化，但是还保留着浓厚的蒙古族习俗。面临社会转型，生产方式改变，这个蒙古族村落如何保留自己的习俗，调查者希望通过努力，来揭示民族文化变迁的轨迹。

鄂尔多斯市（原伊克昭盟）准格尔旗十二连城乡五家

尧村濒临黄河,现是内蒙古自治区的新农村建设示范点。村落社区面临全面转型。既有生产、生活方式的变革,也有社区治理格局的转变。调查者准备对这种转型进行截面式描绘,展示该村改革开放以来取得的成绩及存在的问题。

巴彦淖尔市(原巴彦淖尔盟)杭锦后旗双庙镇继丰村地处河套平原与乌兰布和沙漠交会处,是内蒙古地区近代典型移民村。这里自然环境恶劣,但居民顽强地适应了生存环境,并通过长期奋斗使环境沙化得到遏制。改革开放30年来,这里的社会经济得到长足发展,调查者拟通过实地走访,入户恳谈,努力勾勒这个村的发展历程。

包头市达尔罕茂明安联合旗明安镇白音杭盖嘎查地处大青山北,是蒙古族为主的纯牧业区,因为生态环境恶化,根据国家政策已经全部禁牧。但是,如何安置当地牧民,涉及诸多问题,这在内蒙古地区推行城镇化及生态移民的实践中具有典型意义。

在初步择定调查点后,为了保证调查工作顺利实施,为了能够得到真实的调查材料,课题组采取了以下措施:

第一,选择熟悉典型村的专家学者担任主持人。内蒙古地区13个典型村的负责人可以分成两种类型:一种是在该村生活数年或者十多年,与村民熟悉,对该村的情况比较了解的人员;另一种是在调查村有特别熟悉的人员,能够起到引荐的作用。鄂尔多斯市五家尧村、巴彦淖尔市的继丰村、赤峰市的富裕沟村、通辽市的三个村、锡林郭勒盟的两个嘎查、呼和浩特市清水河县老牛湾村9个典型村的负责人都属于第一种类型。其他典型村负责人属于第二种类型。

通过选择熟悉并且与典型村有密切关系的专家学者担

序　言

任主持人，能够有效地消除调查者与被调查者之间的隔膜，消除被调查对象的顾虑，得到调查对象的配合，从而获取真实的信息。所选择的熟悉典型村的专家学者，大都是出生在典型村，高中毕业后因考入大学才离开了所在的村庄。他们在本村生活近20年，对本村的历史、环境、经济、政治、生产生活方式、风俗习惯、文化心理等，都有深切的感性认识，能够准确地表述本村情况。

第二，对参加调查人员进行业务培训。首先认真研读中国社会科学院中国边疆史地研究中心下发的有关本次调查的文件，参考其他省区调查成果。根据调查文件，结合内蒙古地区的实际情况，在多次商讨的基础上，拟定了内蒙古地区调查的大纲、调查问卷、访谈大纲、调查表，请有经验的调查人员介绍了调查中应注意的问题。

第三，选择清水河老牛湾村进行试点调查。老牛湾村距离呼和浩特市比较近，其他各村的主持人，首先到该村参与调查，得到一定的锻炼，取得一些调查经验，再开始本村的调查。

第四，对13个村的调查基本上采取线型推进的方式，没有采取平推的方式，目的是先开展调查的村能够给后开展调查的村积累调查的经验。

参与内蒙古地区典型村调查的学者多出身于历史学专业，在调查过程中，主要使用了历史学的方法，直接收集典型村的档案资料，通过访谈获得第一手的口述资料，通过调查问卷获得一家一户的数据性资料，通过观察获得感性资料。在通过不同方式最大限度地获取资料后，试图全面客观地描述典型村的现状及历史变化，目的是让读者对典型村的状况能有一个全面的认识。

第一次在内蒙古地区做这样一个比较大规模的调查，从我们的角度来说是一个尝试，受主客观条件的制约，调查成果肯定还有很多问题，我们期盼着同行的指正。

于 永　毕奥南

2009 年 12 月 1 日

前 言
PREFACE

一 调查地点的特征

选择宝楞嘎查("嘎查",蒙古语,汉译作"村")为边疆民族地区基层社会经济典型村落调研点的理由为:

第一,宝楞嘎查具有内蒙古自治区东部半农半牧经济的典型性。随着经济的发展和生态的变化,目前宝楞嘎查畜牧业发展以饲养牛和羊为主。由于近年连续干旱,农民的农业经济收入急剧下降,而羊绒和羊肉价格较高,收入可观,于是养羊的人越来越多。宝楞嘎查的致富户大多数为经营畜牧业户。

第二,宝楞嘎查地理位置的独特性。扎鲁特旗地处内蒙古高原向松辽平原过渡地带,处在大兴安岭隆起带和松辽沉降带上,地质构造属于新华夏系构造带。北部为中山山地,中部为低山丘陵区,南部为沙丘沙地平原。宝楞嘎查位于海日罕以南,属于低山丘陵区,主要地貌形态以低山、丘陵、山间河谷平原为主。地形地貌的多样化是该地区的显著特点。

第三,宝楞嘎查民族成分的多样性。宝楞嘎查总人口780人,蒙古族占多数,是主体民族,人口540人,另外有汉族人口130人、朝鲜族人口40人、满族人口70人。在蒙古族和其他民族长期杂居的过程中，大部分外来的其他民族学会了蒙古语，有些还达到了能够书写蒙古文的程度。由于他们的子女大部分在蒙古族学校读书，生活习惯上的差别也与当地蒙古族逐渐缩小。

第四，宝楞嘎查为笔者土生土长的故乡，虽然离乡多年，但特别熟悉村里的一草一木。

二 调查时间与过程

调查总时间为2008年1月2~30日，共28天。选择这个时期的理由是这段时期正好是农闲时间，大部分农民都在家，便于采访调查。笔者于2008年1月2日到达宝楞嘎查，在村民栓柱家，与村委会主任额尔敦毕力格、村党支部书记白乙拉、村委会副主任双武等嘎查领导商议采访调查事宜。村委会为调查采访工作提供了许多方便，委派村委会副主任双武和笔者从小一起长大的好朋友扎拉嘎呼、包斯日古楞专门协助工作，全天轮流陪同笔者，成为笔者此次调查采访最得力的助手，他们的家也成为笔者吃住暂住地，笔者算得上他们家的暂住成员了。调查期间虽然他们家里家外的事很多，但正是因为有他们的协助，本次调查工作才得以顺利完成。

在双武、扎拉嘎呼、包斯日古楞等三人的协助下，笔者于2008年1月2日开始进行采访调查工作。采访调查的主要计划分为以下几个阶段。

第一阶段（1月2~10日）：村党支部书记白乙拉、村委会主任额尔敦毕力格、妇女干部萨仁格日勒、计划生育干部彩云的专访。

第二阶段（1月11～20日）：老干部、老党员、老劳模等"三老"的访谈（达胡白雅尔、巴图等），贫困户及典型村户生产活动、社会生活的调查采访。

第三阶段（1月21～30日）：关于学校教育的访谈（主要采访毛道中学校长赛音白雅尔），关于宗教信仰情况的访谈（主要采访别德琪琪格老人），关于医疗卫生状况的访谈（主要采访卫生所所长韩长福），关于该嘎查文化活动的访谈（主要采访扎拉嘎呼）。

2008年1月31日，在完成了宝楞嘎查的调查工作后，笔者到鲁北镇政府、旗档案馆等单位搜集有关宝楞嘎查的材料。2月2日笔者在返回呼和浩特途中听到宝楞嘎查村委会主任额尔敦毕力格因突发急病去世的消息，感到十分意外和悲痛。

三　调查研究方法

进入调查地点之前，课题组事先准备好了访谈提纲和调查问卷表、住户基本情况调查表，在实际调查采访当中按照调查点的情况主要采取了以下几种调查方法。

第一，个别访谈法。为了更具体更准确地了解共性情况，课题组通过录音笔录音、做笔记、照相等方法对村支部书记、村委会主任、团支部书记、妇女干部、计划生育委员会干部、学校校长以及老人等进行专访。

第二，集体访谈法。以主持生产的男性为主，组织了1～2次小型座谈会，通过录音笔录音、做笔记、照相等方法对该村的生产活动进行访谈。通过分别组织男性和女性进行小型座谈会的形式进行关于该嘎查社会生活习俗的访谈。

第三，典型户访谈法。课题组根据调查时间紧和村户较多的情况，根据半农半牧地区的实际情况设计了52份调查问卷和住户基本情况调查表，将该嘎查村户根据生活水平和经济条件分为富、较富、中等、贫穷4个等次，并从中抽取44户，采取了每家每户仔细填写住户基本情况调查表的方式认真调查采访，尽可能获得真实的资料。抽出20家文化程度较高的村户，发放调查问卷，填写后收回。

第四，观察法。针对采访时遇到的村民因为各种原因不表露家庭真实情况或不反映真实状况的情况（比如，羊圈里圈着很多只羊，却说家里没养羊；生活条件和所说的实际经济收入不符合等），我们采取了跟村民解释说明此次调查的目的和具体情况、采访调查和现场观察结合的方法，结合邻居之间的互相介绍和实地观察获得最真实的情况。

在使用这些方法的同时对村户家的生活环境、生活用品、房屋类型、服装、老照片等进行了搜集和拍照，获得了大量图片和音像资料。

第一章 宝楞嘎查概况

第一节 地理环境

一 地理位置

宝楞嘎查隶属扎鲁特旗鲁北镇。扎鲁特旗位于内蒙古自治区通辽市（原哲里木盟）西北部。地理坐标为东经119°13′~121°56′，北纬43°50′~45°35′之间。该旗东部和东北部与兴安盟科尔沁右翼中旗接壤，南部和东南部与开鲁县、科尔沁左翼中旗交界，西部和西南部与赤峰市阿鲁科尔沁旗毗邻，北部和西北部与锡林郭勒盟东乌珠穆沁旗、西乌珠穆沁旗以及霍林郭勒市相连。全境南北长240公里，东西宽110公里，总面积17471平方公里，占通辽市总面积的1/3。

"扎鲁特"是蒙古语，蒙元史学家对其含义说法不一。大致有三种说法：第一种说法为汉语拼音"扎尔其古德"，汉语意为臣民；第二种说法为汉语拼音"扎尔古德"，汉语意为断事官；第三种说法为汉语拼音"扎鲁特"，汉语意为传递命令的人。以上三种说法哪一种正确，有待后考。

旗政府所在地鲁北镇，距内蒙古自治区首府呼和浩特市直线距离855公里，距科尔沁区163公里。

宝楞嘎查地处鲁北镇北部23公里，位于东经119°14′~125°57′，北纬43°50′~45°50′的扎鲁特旗中部地区。地处大兴安岭支脉南麓，东与嘎亥吐镇相接，西与纳仁嘎查、毛道嘎查相接，南与荷叶哈达嘎查相接，北与乌日根塔拉嘎查相接。宝楞嘎查地域东西约10公里长，南北约6公里宽，面积56000平方米。宝楞嘎查距旗政府所在地鲁北镇直线距离23公里，距通辽市市政府所在地（科尔沁区）183公里，距自治区首府呼和浩特市875公里。

二 地形地貌

扎鲁特旗地处内蒙古高原向松辽平原过渡地带。由于处在大兴安岭隆起带和松辽沉降带上，地质构造属于新华夏系构造带。北部为中山山地，中部为低山丘陵区，南部为沙丘沙地平原，形成西北高东南低的地势。最高点在西北部罕山林场吞特尔峰，海拔1444.2米，最低点为东南部的巴彦芒哈苏木的塔拉花牧铺，海拔179.2米。在漫长的地质演化的历史长河中，由于内外应力作用，构成了扎鲁特旗地貌类型的多样性。

扎鲁特旗地形地貌类型主要有高原、山地、丘陵、平原和沙地，它们直接影响着热量和水分在地表的再分配，形成微域山地小气候变异，导致自然景观和自然资源的多样性，为农牧林业生产用地提供了不同的地域条件。

根据地貌形态特征、成因类型、地质构造和地表物质组成，结合土地利用现状，扎鲁特旗分为山地地貌（大兴安岭山地）和平原地貌（西辽河平原）两大地貌单元。其分界线为乌力吉木仁—查布嘎图—嘎达苏种畜场—鲁北镇—乌额格其牧场—西乌努格其（以下简称鲁北镇一线），鲁北镇一线以北为山地地貌，鲁北镇一线以南为平原地貌。地貌形态主要有中山、低山、丘陵、山间冲积平原、河谷冲积平原以及沙丘（坨）等。依据地貌形态特征、气候差异和土地利用现状，以海日罕为分水岭分为中山区和低山丘陵区。

宝楞嘎查位于鲁北镇以北、海日罕以南，属于低山丘陵区，主要地貌形态以低山、丘陵、山间河谷平原为主。低山区分布在村的东部和西部，海拔在500~1000米，山地切割作用较强，地面破碎。丘陵区主要分布在村东北部和西南部，海拔200~500米，地面起伏平缓，只在水土流失区地形较破碎，水分条件较好，土壤比较肥沃。在山间河谷平原区分布着大片农田，具备农牧林结合的条件。该地区的大部分地段主要由低矮的丘陵构成。由于丘陵地带独一无二的地理地形，丘陵之间有很多峡沟，这就是所谓的"宝楞"（宝楞嘎查名字由此而来），在当地的蒙古语里是"角落"的意思。沙丘区主要分布在该地区的东南部和该嘎查的西侧地带。东部的沙丘地貌由于地表物质松散，生态环境脆弱，沙生植被的演替极易受风力吹蚀。该嘎查西侧的沙带为洪水冲击后所留下的沙化地带。位于该嘎查西北部的"巴桑沟"到雨季时因雨水聚集在这里会直接冲向该嘎查，极易导致洪灾。洪水冲击过的地带，植被被破坏并逐渐沙化。

三　水文气候

贯穿该嘎查南北的唯一河流为腾岭河，蒙古语意思是"车轴"，也称"鲁北河"，属于西辽河流域。该河的发源地为格日朝鲁苏木呼滨纲金昂山，流经毛道苏木、鲁北镇、

图 1-1 嘎查西部沙化地带

道老杜、前德门。长 142 公里，流经该嘎查的长度约 6 公里；该河流经该地区时因缺口或半封闭的坨坑与河流相通而形成一些小型自然泡子，水源主要靠河水补给。水量及水面面积的大小均取决于水源的变化，属于不稳定型水利资源。该河流为嘎查北部和南部农田提供了充足的水源，有利于农业的发展。但随着近几年来生态环境的恶化、降水量的减少，腾岭河的水量逐渐减少，以前所形成的小型泡子已消失，少量稻田逐渐变成旱田。

宝楞嘎查位于冲积扇中上部，含水层由圆砂砾、卵石组成，混多量黏性土，冲积扇轴部含水层厚度为 14.8~20.75 米，边缘厚度为 4~5 米，地下水深 1.5~3.0 米，水力坡度约 1‰。

宝楞嘎查海拔 270 米，属于温暖半干旱山地草原气候类型。年平均气温为 0.1~5.8℃，极端最高气温达 40℃以上，极端最低气温为 -29℃。3 月末该地区日平均气温稳定在

图1-2 腾岭河

0℃。农业气候积温为2900~3300℃，0℃以上的积温为2600~2900℃。作物生长活跃期（即日平均气温稳定在10℃以上的时期）为150天以上。无霜期为98~135天，年降水量370~400毫米，年湿润度0.3~0.6，年平均大风天数40天左右，年太阳总辐射量5023.2兆焦耳/平方米左右。日较差较大，4~9月平均日较差为13~14℃。降水少，水分不足是半干旱气候的一个特征，而且由于降雨的时空分布不均，容易造成干旱或洪涝。

四 物产资源

宝楞嘎查位于大兴安岭南端山地和鲁北镇以南平原地区的交接处，这一特殊环境使该地区蕴藏较多野生经济动植物资源和少量的矿产资源。近几年宝楞嘎查境内发现煤炭资源，但由于储量不大，未能开采。宝楞嘎查境内的野生动物种类较多，主要有马鹿、黄羊、狍子、野猪、狐狸、狼、野兔、野鸡、沙半鸡、鹰、獾、猞猁、黄鼠狼等，主要分布在低山丘陵区。

据宝楞嘎查农牧民介绍，20世纪60年代至80年代，这里的野生动物很多，一个好猎手下雪天一天能猎获5~6只狍子。那时的狩猎对象主要是狼和狍子。嘎查（队）委员会为了保护牲畜，对猎杀一只狼者奖励一只羊；猎杀狍子主要是由于狍子肉好吃，皮的使用价值高，冬天可以做成皮褥子保暖。当时，猎物很少销售。由于近几年来生态环境的恶化，野生动物的种类及数量明显减少，除了野兔和野鸡，已经很难看到其他野生动物的踪迹了。出于保护环境的考虑，现在已经禁止狩猎，偶尔也有偷猎的，但数量极少。

在没有禁猎的时期，狩猎工具为步枪（当时未禁用枪支弹药）、火枪、博罗（投掷短棍）、狼夹、套子（铁丝制作，主要套野兔）等。

图1-3 博罗 　　图1-4 狼夹 　　图1-5 火药囊

据宝楞嘎查老中医韩长福介绍，该嘎查境内有很多野生中草药材，主要品种有黄芪、麻黄、黄芩、甘草、远志、防风、知母、桔梗、柴胡、大黄、赤芍、李核、车前子、穿地龙、党参、大力子、生地等。20世纪80年代至90年代初，药材收入曾占当地农牧民年总收入的20%左

右。夏天农耕闲暇，每家每户男女老少出去挖采药材，当时供销社有收购点。近几年来政府部门已经采取禁止采集措施，随着生态环境的恶化、降水量的减少、草地植被的破坏、沙化地带的扩散等原因，野生中草药材种类急剧减少。

山杏是该嘎查境内分布最广、面积最大的野生植物，主要分布在低山丘陵区阳坡地带。山杏仁用来制作食品罐头及食用油，山杏皮是化工原料，销路好，市场价较高，为此外地人常常进入宝楞嘎查境内偷采山杏，屡禁不止。

五 自然灾害

据宝楞嘎查老书记达胡巴雅尔介绍，宝楞嘎查自然灾害主要有干旱和洪涝。干旱是影响宝楞嘎查农牧业生产的主要自然灾害之一。该地区属半干旱气候，半干旱气候的最大特点是降水少。一般春夏干旱少雨，导致植物无法返青生长。据宝楞嘎查资料，1982年是该地区降水量最少的一年，全年从春到秋，5月降了一场透雨（59.8毫米），入夏后降水极少，6~7月降水87.8毫米，8月降水29.5毫米，伏旱严重。1953~1987年，该地区共发生伏旱14年，频率为40%，共发生秋吊（指发生在8月中旬至9月中旬的干旱现象）15年，频率为43%。根据宝楞嘎查农牧民的讲述，近20年来，阶段性的旱灾几乎每年都有发生。但是偶尔遇上多雨的年份，洪涝灾害也相当严重。通常是以旱为主，有时旱涝交替出现。近20年里最严重的洪涝灾害发生于1991年7月，连续一周的暴雨，雨水聚集在位于该村西北部的额尔敦山巴桑沟，形成较大的洪水流，直接冲击了该村的居民区与农田，导致大量房屋倒塌，大部分农田被冲走，造成了巨大的经济损失。

图1-6 从巴桑沟延伸的洪水沟

据《扎鲁特旗志》记载，宝楞嘎查地区处于迎风面，受地形抬升作用，有利于水汽垂直输送，加之山地纵横，不仅使云团雨团滞留，且气团受热不均，有利于低层搅动和对流不稳定产生，使局部地区出现暴雨、大暴雨天气，导致洪涝灾害。20世纪90年代初连续几年的洪涝灾害，造成该地区植被难以得到恢复，沙化严重。该村西边的洪水沟附近地区沙化极为严重，已扩展到该村南部的居民区和农田。根据村民孟克讲，他们家的种菜园子10年前土质良好，水分充足，各种蔬菜都有，但近几年由于连续的干旱和沙化的侵蚀，园子已全部沙化，无法种植植物。村子里的道路10年以前宽敞平坦，畅通无阻，如今因遭受多次洪水冲击，导致路面凹凸不平，沙化严重，变成流沙堆积的沙子路。以前每家每户都有一辆或几辆自行车,现在全嘎查只有一辆自行车,很难见到以前小孩们骑自行车上学、年轻人成队骑自行车休闲玩乐等景象,见到的只是频繁的沙尘天气和被沙堆包围的一座座灰色的房屋。

图 1-7 巴桑沟洪水流进嘎查里的口子

除干旱和洪涝灾害之外,该地区偶尔还会遭受冰雹、雪灾、霜冻等自然灾害。1981 年 6 月,包括宝楞嘎查的毛道苏木 5 个嘎查受雹灾。1985 年 8 月 10 日该地区降暴雨和冰雹。1977 年 10 月 26~29 日该地区雨夹雪,降雪(雨)量达到 56.6 毫米。1985 年 11 月 7~9 日,该地区普降大雪,平均积雪 0.6 米。

六 生态保护与建设

据村党支部书记白乙拉介绍,宝楞嘎查属于半干旱气候,而且地表物质松散,生态环境脆弱,草场退化、沙化严重。该嘎查草地面积共 56000 亩,草场面积共

图 1-8　嘎查周围道路状况

24000 亩，耕地 5600 亩，其中沙化退化面积约 6000 亩，森林面积约 5000 亩。由于土地沙化面积的扩散，生态环境日渐恶化，干旱、大风、洪涝灾害的频繁发生，致使牧民收入下降 30%，贫困户逐渐增多。

但在宝楞嘎查领导的带领和全村群众的共同努力下，近几年生态环境逐步得到改善和恢复。1988 年为了解决抗旱灌溉问题，村民在当时老布桑书记的带领下，在村南部农耕地里打了 6 口水泵井。当时分别由达胡巴雅尔、王子学、巴图、孟克、苏尼嘎等 6 个村户承包下来。打井的经费，由村户出资 50%，旗水利局出资 50%。当时承包机井的村户得到承包 30 亩农耕地的优惠条件。1991 年的洪涝灾害中，嘎查东部的主要交通要道水泥大桥被冲毁，在老布桑书记和当时苏木下乡干部宝音的带领和策划下，该嘎查开展了重建大桥的工作。他们从旗水利局邀请专业技术人员，由嘎查出一部分资金，苏木政府出大部分资金，村民以义务劳动的形式节约了一部分资金。在不到一年的时间里,建桥工程圆满结束。该嘎查响应"西部大开发"及生态环境保护与建设战略决策,在国家、自治区及扎鲁特旗鲁北镇党委、政府的具体部署领导下,按照《全国生态环境建设规划》、《内蒙古自治区生态环境保护建设规划》、《农业科技发展纲要内蒙古自治区实施方案》的精神,近几年开始加大生态环境保护与建设工作的投入。

图 1-9 嘎查东部新建的水泥大桥

根据该地区的自然条件和现实情况,宝楞嘎查将生态环境的保护及建设的重点放在植树、种草和调整畜群结构方面。据村委会主任额尔敦毕力格介绍,最近几年宝楞嘎查投资 30 万元种植"沙大王"(一种草),在嘎查东部腾岭河河岸沙化地带和嘎查西部洪水道周边种植约 1600 亩防护林带。由于在全嘎查范围内实施鼓励种树、免费提供树苗等政策后,村民积极参与到植树造林

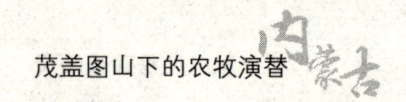

活动中来，而且村民每年的农作物收入大幅度减少，而植树的收入比较可观等原因，嘎查内的植树面积每年增加1000亩左右。现在已基本上控制住了嘎查东部沙化地带，该嘎查成为全苏木里治沙造林方面最好的嘎查。与此同时，该嘎查把东部紧靠河岸的村民住户搬迁到嘎查西部地形较高地带，一方面避免洪水的冲击，另一方面防止沙化。

该嘎查治沙造林方面遇到的最大困难是资金问题。资金主要通过向嘎查委员会借款的方式来解决，所以治沙造林的工作受到很大的制约。

图1-10 嘎查周围植树造林状况

宝楞嘎查为了适应生态环境的保护和建设的需要，在调整畜群结构方面也采取了积极措施，采取改良品种，减少牲畜数量等方式。

村党支部书记白乙拉对以后的生态环境保护与建设方

第一章 宝楞嘎查概况

图 1-11 宝楞嘎查周围植树造林状况

面的设想为：按照旗林业局的有关精神，扩大植树造林的面积，种植范围扩大到山坡及山上，增加种植品种；提高村民植树造林保护环境的意识；进一步调整规划设计，用引进资金和贷款的方式解决资金问题；对已经种植的树林实行专人看管，防止外在的破坏及火灾。

从 2007 年鲁北镇人民政府发布的退耕还林文件中我们可以看到当地生态建设的进程。

鲁北镇人民政府文件（鲁政发〔2007〕7号）

关于对全镇退耕还林地块进行补植的通知

各嘎查（村）：

根据旗林业局有关文件精神，结合我镇退耕还林实际情况，为使退耕还林成果产生应有的效益，特对全旗退耕户作如下要求。

一、2007 年春季，所有退耕户对 2002~2006 年的退耕地块进行补植,补植密度要确保每亩 115 株。

二、苗木要选用无病虫害的优质壮苗,所需苗木由退耕户自行解决。

三、检查验收之前,各户要对退耕地块进行抚育,未抚育者视为不合格。

四、各退耕户结合全镇禁牧工作,对退耕地要加强管护,确保保存率达到要求标准。

五、2007 年对全镇退耕地进行全面核查,对检查不合格的地块按照退耕还林政策规定,将不予兑现钱粮。

六、各村接此通知后,复印发至各退耕户。

特此通知。

2007 年 1 月 25 日

(文件来源:嘎查档案)

根据旗林业局的具体部署,该嘎查领导班子及时组织落实,按人口具体分配退耕户及退耕地的亩数,为加强管护退耕地,确保保存率达到要求标准,将责任落实到每个退耕户身上。

2007 年宝楞嘎查退耕还林分户统计情况见表 1-1。

表 1-1 宝楞嘎查退耕还林分户统计表(2007 年)

单位:人,亩

户主姓名	人口数	分配到的亩数
额尔敦毕力格	4	5.12
敖特	2	2.56
乌云巴特	3	3.84
布仁巴图	2	2.56
乌云巴图	3	3.84
常茂	5	6.40

第一章 宝楞嘎查概况

续表

户主姓名	人口数	分配到的亩数
铁宝	7	8.96
包斯日古楞	6	7.68
刘德喜	3	3.84
王子和	5	6.40
阿拉坦敖其尔	6	7.68
张晓琴	3	3.84
韩孟和	4	5.12
韩哈斯	3	3.84
吴香宝	3	3.84
革命	4	5.12
张双宝	4	5.12
德格吉日夫	5	6.40
青格勒图	3	3.84
美荣	4	5.12
宝音乌力吉	5	6.40
图门乌力吉	4	5.12
少布	7	8.96
咸宝山	5	6.40
高明湖	6	7.68
高明江	3	3.84
高明军	4	5.12
咸光瑞	3	3.84
哈日其嘎	3	3.84
董库	5	6.40
哈达	4	5.12
乌兰巴拉	1	1.28
范云龙	3	3.84
特古斯	4	5.12
图门吉日嘎拉	4	5.12

续表

户主姓名	人口数	分配到的亩数
高力套	3	3.84
白乌力吉	4	5.12
那木吉拉	4	5.12
其木格	2	2.56
那日苏	3	3.84
吴玉荣	3	3.84
王桂杰	9	11.52
王久冷	4	5.12
华国栋	6	7.68
布和	3	3.84
特木乐	6	7.68
额日和	3	3.84
哈斯毕力格	7	8.96
小巴德玛	4	5.12
刘乌力吉	3	3.84
胡格吉乐图	4	5.12
格百	5	6.40
包孟和	4	5.12
宝音套克套	4	5.12
鞠云龙	3	3.84
宝音贺喜格	8	10.24
李福	4	5.12
萨仁朝格图	8	10.24
那仁朝格图	4	5.12
德力格尔	5	6.40
银花	3	3.84
刘景春	3	3.84

第一章 宝楞嘎查概况

续表

户主姓名	人口数	分配到的亩数
陈兴军	6	7.68
玉兰	3	3.84
额日德木图	5	6.40
刘那顺	2	2.56
青松	8	10.24
乌力吉巴拉	10	12.80
张那顺	4	5.12
特格喜白拉	4	5.12
许海	8	10.24
宁树强	4	5.12
宁风学	4	5.12
曲国锋	3	3.84
大金山	4	5.12
玉山	5	6.40
宝山	4	5.12
高金山	3	3.84
高宝成	4	5.12
桂荣	3	3.84
刘八虎	3	3.84
九龙	4	5.12
图门白拉	3	3.84
格桑布	4	5.12
刘国伟	4	5.12
小巴拉吉	5	6.40
刘额日德	3	3.84
布和白拉	5	6.40
阿拉坦白拉	4	5.12

续表

户主姓名	人口数	分配到的亩数
宝安	4	5.12
宝林	4	5.12
小关布	5	6.40
宝德	5	6.40
孟克	6	7.68
金荣	3	3.84
巴图吉日嘎拉	4	5.12
孟力吉日嘎拉	5	6.40
彩云	4	5.12
阿敏乌日图	6	7.68
巴图	5	6.40
阿力坦胡乙嘎	7	8.96
杨吉德玛	5	6.40
包乌力吉	3	3.84
马锁柱	8	10.24
明干白拉	4	5.12
特古斯白拉	5	6.40
田阿木日	4	5.12
马赛音白拉	3	3.84
马哈斯	6	7.68
马巴特尔	2	2.56
图门白拉	1	1.28
栓柱	4	5.12
马吉日嘎拉	4	5.12
道布道	4	5.12
龙梅	5	6.40
敖其尔	4	5.12

第一章　宝楞嘎查概况

续表

户主姓名	人口数	分配到的亩数
安宝柱	5	6.40
尼日布	4	5.12
额尔敦巴特	4	5.12
套高	5	6.40
嘎日布	4	5.12
巴彦朝鲁	3	3.84
班布拉	3	3.84
双全	4	5.12
商柏军	3	3.84
韩长福	6	7.68
包志国	3	3.84
包丰富	6	7.68
宝柱	8	10.24
赵有金	4	5.14
吴吉日嘎拉	3	3.84
吴双宝	6	7.68
乌云毕力格	3	3.84
嘎达桑布	3	3.84
其木德	2	2.88
王长城	3	3.84
王林	3	3.84
王长军	3	3.84
范小军	3	3.84
韩舍楞	5	6.40
邓祥	6	7.68
王战军	3	3.84
王战友	6	7.68

续表

户主姓名	人口数	分配到的亩数
苏吉祥	4	5.12
刘立军	6	7.68
王卫东	4	5.12
邓才	4	5.12
陈兴树	4	5.12
白乙拉	9	11.52
白嘎达	5	6.40
白子英	4	5.12
乌云格日勒	4	5.12
董财	6	7.68
苏尼嘎	7	8.96
冯亚杰	4	5.12
程宝龙	5	6.40
图日根白拉	5	6.40
哈斯白拉	3	3.84
斯琴格日乐	3	3.84
那木拉	5	6.40
赵斯日古楞	3	3.84
侯殿臣	4	5.12
侯殿军	4	5.12
刘宏伟	3	3.84
韩金海	4	5.12
徐晓明	4	5.12
许宏伟	3	3.84
许财	2	2.56
李丛	2	2.56
天仓	7	8.96
舍木德	8	10.24

续表

户主姓名	人口数	分配到的亩数
色音毕力格	3	3.84
侯殿玺	6	7.68
布仁白拉	5	6.40
银山	4	5.12
斯琴毕力格	3	3.84
小金山	3	3.84
双武	1	1.28
双小	3	3.84
双财	7	8.98
白巴特尔	4	5.12
宋吉刚	2	2.56
樱桃	1	1.28
其木德舍楞	1	1.28
杨宝成	1	1.28
特木日陶高	1	1.28
总计	780	998.40

资料来源：宝楞嘎查档案。

第二节 社会

一 村落布局

2006年以前宝楞嘎查为通辽市扎鲁特旗鲁北镇毛道苏木的一个嘎查，2006年毛道苏木与鲁北镇合并之后成为鲁北镇的一个自然村。该嘎查北靠茂盖图山，东临腾岭河，西邻304国道（鲁北至霍林河段）。该村沿着茂盖图山南麓，形成从西北向东南方延伸的长方形的多姓杂居村落结构，主要耕地集中在村南部山区和东南部一带。村委会位于嘎查中央地带，该嘎查按以往的习惯以南北方向和东西方向的"丁"字形道路分为南"艾里"、北"艾里"、东"艾里"三大块。毛道学校位于嘎查东北部，属于北"艾里"。该嘎查形成一家一户独门独院整齐排列的居住布局，每户院子里都有数量不等的树木。"丁"字形道路的南端出嘎查之后向西南方向延伸到与304国道相接，北段延伸到西北方向也与304国道相接。东段跨过腾岭河，通往东山农田。由于该嘎查旧址沙化严重，很多住户搬迁到该嘎查西部和西南地区，西北方向跨过304国道与毛道嘎查相连。

二 民族构成

根据《扎鲁特旗志》记载，自清末光绪三十年（1904年）以后，东西扎鲁特王公先后分三次出卖旗地，土地的买主从河北、山东等地招进移民进行农垦，从此在扎鲁特境内开始有了汉人定居繁衍。民国十一年（1922年）的一次卖荒，大量汉人涌入。现在扎鲁特旗中部的太平乡、巴彦塔拉、罕山、香山、巨日合、工农、伊和北等乡镇的人口，多数是放荒招垦时移来的汉人后裔，以及新中国成立后三年困难时期（69.23%）盲目流入的汉人及其后裔。宝楞嘎查总人口约780人，蒙古族占多数，是主体民族，人口540人，另外汉族人口130人、朝鲜族人口40人、满族人口70人。汉族住户大多是从区内其他旗县，少数是从河北、山东等地区来的移民。1959年，毛道公社新成立的豁牙山是由全国9个省区市、27个旗县的盲流人员组成的。豁牙山距宝楞嘎查仅10公里，所以该嘎查移来的汉人中大多数来自于豁牙山，最早的移民户是董氏家，1962年移民到该嘎查。满族是民国初年蒙旗放荒之后，迁来扎鲁特旗经商落户的满族后裔。朝鲜族是在伪满洲国时期从吉林、黑龙江等地迁来扎鲁特旗种植水稻的朝鲜族后裔。据嘎查书记介绍，20世纪80年代为了在茂盖图山北侧东腾岭河周围大面积种植水稻引进不少朝鲜族农民,但20世纪90年代之后由于生态的变化停止种植。随着这种变化这些朝鲜族农民有的各奔东西,有的在该嘎查安家落户生活至今。

在蒙古族和其他民族长期杂居的过程中,大部分外来的其他民族学会了蒙古语,甚至会写蒙古文。尤其是他们的子女大部分用蒙古语在蒙古族学校读书。生活、风俗习惯与蒙古族的差距也逐渐缩小。

三 人口构成

(一)人口性别状况

据嘎查档案资料统计,全嘎查人口性别状况:宝楞嘎查共有186户(780人,不包括因上学暂时迁出的人)。男性与女性的人数分别是446人和334人(包括户在人不在的情况),具体统计如表1-2所示。

表1-2 2006年宝楞嘎查人口统计

单位:户,人

总户数	总人数	其中		户在人不在			
		男	女	户数	人数	男	女
186	780	446	334	16	55	31	24

资料来源:宝楞嘎查档案。

表1-3 2006年宝楞嘎查民族人口统计表

民 族	蒙古族	汉 族	满 族	朝鲜族
总人数	540	130	70	40
男性数	306	71	41	28
女性数	234	59	29	12
性别比例	131:100	120:100	141:100	233:100

资料来源:宝楞嘎查档案。

从表1-2可以计算出,现在宝楞嘎查的男女比例为134:100,比正常人口性别比例106:100要高出很多。

由表1-3可知,蒙古族人口性别状况。宝楞嘎查蒙古族常在人口540人,其中男性306人,女性234人,男女比例为131:100,也高于正常的性别比例。汉族人口130人,其中男性71人,女性59人,男女比例为120:100。满族人口70人,其中男性41人,女性29人,男女比例为141:100。朝鲜族人口40人,男性28人,女性12人,男女比例为233:100。关于男女比例失调问题,该嘎查计划生育委员会主任彩云说:在农村,农业生产主要依赖家庭劳动力,农村家庭男孩偏好明显、B超的滥用、强烈的男孩偏好、对非法流产行为监控的失效和传宗接代的传统观念等原因,成为该嘎查出生性别比偏高的充要条件。

(二) 年龄状况

根据我们收集到的资料统计,全嘎查人口年龄构成为现有人口780人,1~14岁的少年儿童有109人,占总人口的13.97%,65岁及以上的老年人口有40人,占总人口的5.13%,按国际划分人口年龄构成标准,该地区人口构成属年轻型人口类型(见表1-4)。

表1-4 2007年宝楞嘎查人口年龄组构成情况表

年龄组(岁)	人数(人)	占总人数(%)
1~5	37	4.74
6~14	72	9.23
15~64	631	80.90
65岁及以上	40	5.13

资料来源:宝楞嘎查档案。

第三节 历史

一 区划沿革

根据《扎鲁特旗志》记载，宝楞嘎查作为扎鲁特部的一部分，从天聪二年（1628年）归属后金。皇太极为了更好地利用科尔沁部和扎鲁特部的势力，于天聪五年（1631年）对蒙古地区开始实行军政统一的旗（和硕）、佐领（苏木）制度。从此以后，扎鲁特部在行政上和军事上，失去了传统的自主权力。天聪十年（1636年），后金改国号为清，随着整个内蒙古49旗完全置于清王朝的直接统治，宝楞嘎查也被纳入清王朝的统治之下。

清顺治五年（1648年），原是一体的扎鲁特部，两分为并立的扎鲁特左翼和右翼两个行政旗。清朝为了有效地治理蒙古地区，在中央和地方各设专门管理机构，实行特殊政策。上设理藩院，下设旗、佐领（蒙古语叫苏木），而且以地区为单位，便于集合活动，组织大区会盟。各地区指定某一地点，多以该地点命名本盟（蒙古语叫楚古拉干）。扎鲁特左右二旗归昭乌达盟管辖。左右二旗所属牧地，各划分为16个苏木。每个苏木都有固定的地盘和箭丁（蒙古语叫呼雅嘎）人员，实行三三制体制，每个苏木定员150名箭丁，在清初年间，扎鲁特二旗，各有2400名箭丁。

宝楞嘎查所属的扎鲁特左翼旗所设置的苏木，根据自然地区分为4个扎兰：阿古拉扎兰，管辖嘎达苏以北地区山区住户；茫汗扎兰，管辖现开鲁以东道德村全家店以南地区；布库都扎兰，管辖爱林地区；察嘎达扎兰，管辖荷叶花以南地区。各扎兰直辖4个苏木。清朝时期宝楞嘎查属于扎鲁特左翼旗管辖之内的阿古拉扎兰。

1931年"九一八"事变之后，日本帝国主义占领东北，1932年3月1日成立伪满洲国，宝楞嘎查归兴安西分省管辖。伪满洲国设置兴安局（后改兴安总署），分设3个省，即兴安南分省、兴安东分省、兴安北分省。1933年3月，日本侵占热河省；5月，于热河省昭乌达盟西拉木伦河以北地区设置兴安西分省。扎鲁特左右二旗，归兴安西分省管辖，废除了鲁北县制。

到1935年5月，伪满洲国政府下令，原扎鲁特左右两旗合并为一个扎鲁特旗。旗公署指定在鲁北，并将全旗划分为6个怒图克（区）。当时的宝楞嘎查叫东王子庙，在第五怒图克所辖地区之内。第五怒图克公所设在鲁北。所辖较大的村有：马拉嘎、东王府（乌日根塔拉）、东王子庙（宝楞）、荷叶哈达、稻子把、公爷仓（宝力高）、阿木斯尔、哈日宝楞、小黑山、嘎达苏庙、爱林、忙汗那拉、昆都勒庙、查干套力高庙等。

1945年8月15日，日本投降，伪满洲国垮台。同年11月，扎鲁特旗成立临时政府。1946年1月，东蒙古自治政府成立；3月，扎鲁特旗建立自治政府，隶属于昭乌达省政府。1946年承德"四三"会议之后，明确了中国共产党对内蒙古自治运动的领导；撤销了东蒙古自治政府，中共昭乌达省改称昭乌达盟行政委员会，隶属热河省，并把扎鲁特旗自治政府改为扎鲁特旗民主政府，宝楞嘎查归属于热河省管辖。

1947年5月，扎鲁特旗划归辽吉省哲里木盟，1947年

第一章 宝楞嘎查概况

7月,成立扎鲁特旗政府。

1948年8月,辽吉省撤销后,扎鲁特旗隶属于辽北省哲里木盟。由原6个怒图克改为5个行政区:将第二、第五怒图克合并为第二行政区,原第六怒图克改为第五行政区,并建立区政府。

1949年4月,扎鲁特旗随哲里木盟划归内蒙古自治区管辖。1949年10月,中华人民共和国成立之后,改为扎鲁特旗人民政府。西科中旗的3个行政区划归扎鲁特旗,列为第六区(吉仁花)、第七区(嘎亥吐)、第八区(乌兰哈达)。

1951年12月,各区人民政府改成怒图克(区)公所。原8个区分别改称桃儿山、毛道、巴彦塔拉、巨里黑、巴彦图门、吉力花、嘎亥吐、乌兰哈达怒图克(区)公所。

1956年8月,全旗又开始撤区划乡,于9月将8个怒图克(区)55个行政嘎查(村),划为39个乡和1个镇,建立乡政府。当时的宝楞嘎查归属于乌日根塔拉乡(见表1-5)。

表1-5 1956年全旗区划乡情况表

一区	联合乡、芒哈吐乡、巴彦胡硕乡、额尔敦宝力皋乡、民主乡、巴彦嘎查乡
二区	荷叶花乡、巴彦温都乡、乌日根塔拉乡、靠山嘎查、山河乡、鲁北镇
三区	罕山乡、西沙拉乡、太平山乡、东巴彦塔拉乡、西巴彦塔拉乡
四区	工农乡、必喜乡、太平川乡、巨里黑乡
五区	义和塔拉乡、查布嘎吐乡、新农村乡、乌力吉木仁乡
六区	哈拉胡硕乡、大米花乡、前德门乡、巴彦芒哈乡、宝干塔拉乡
七区	前进乡、巴彦宝力皋乡、巴彦大坝乡、塔拉宝力皋乡、巴彦巨里黑乡
八区	巴彦胡硕乡、都尔博吉乡、巴彦格日乡、温都哈达乡、乌兰哈达乡

资料来源:《扎鲁特旗志》。

1958年4月，乌日根塔拉乡改称额尔敦乡。当时宝楞嘎查归属于额尔敦乡。

1958年8月，撤销乡政权组织机构，建立人民公社管理委员会。按原8个怒图克（区）的顺序将全旗33个乡政机构与137个高级农业合作社改建为13个人民公社：民主公社、红旗公社、钢铁公社、巴彦塔拉公社、巨里黑公社、查布嘎吐公社、乌力吉木仁公社、前德门公社、道老杜公社、前进公社、巴彦巨里黑公社、巴雅尔图胡硕公社、乌兰哈达公社等。当时宝楞嘎查归属于红旗公社。

1962年，红旗公社分为红旗公社和毛道公社。宝楞嘎查开始归属于毛道公社。

1965年，撤销红旗公社，建立鲁北镇人民委员会。至此，全旗共计有16个人民公社和1个镇：民主公社、香山公芒、巴彦塔拉公社、巨里黑公社、乌力吉木仁公社、前德门公社、道老杜公社、前进公社、乌努格其公社、巴雅尔图胡硕公社、乌兰哈达公社、巴彦宝力皋公社、毛道公社、义和公社、工农公社、巴彦芒哈公社、鲁北镇。宝楞嘎查仍归属于毛道公社。

1969~1979年，扎鲁特旗隶属于吉林省。

1984年，全旗进行体制改革，取消人民公社体制，改为乡、苏木、镇建制。到1986年年底，全旗共建立5个乡、6个镇、14个苏木。5个乡：工农乡、香山乡、罕山乡、太平乡、伊和北乡。6个镇：鲁北镇、联合屯镇、巨日合镇、嘎亥吐镇、黄花山镇、巴雅尔图胡硕镇。14个苏木：格日朝鲁苏木、巴彦宝力皋苏木、毛道苏木、巴彦塔拉苏木、查布嘎吐苏木、乌力吉木仁苏木、前德门苏木、道老杜苏木、塔拉宝力皋苏木、乌额格其苏木、巴彦芒哈苏木、乌兰哈达苏木、阿日昆都楞苏木、霍林郭勒苏木。

2006年6月,鲁北镇和毛道苏木合并为鲁北镇,从此宝楞嘎查成为鲁北镇辖区。

1948~1960年,该嘎查名字为"诺颜苏莫"(王子庙),书记为乌日套格套。1961~1987年,本嘎查名字为"东方红",书记为老布桑。1988~1990年,本嘎查名字为"宝楞",书记为巴图。1991~2001年,本嘎查书记为达胡巴雅尔。尽管嘎查名字和嘎查领导屡次更换,但嘎查边界几乎没变。

2006年6月10日毛道苏木合并到鲁北镇成为鲁北镇的一个区,随之宝楞嘎查属于鲁北镇管辖。这次行政区划的变革是该嘎查历史上又一次重大变革,也是该嘎查经济文化发展史上的又一次重大转变。

二 文物古迹

为了更进一步了解关于诺颜庙的历史,我们采访了宝楞嘎查最年长者别德琪琪格老人。2008年老人已经82岁高龄,但身体很健康,思维很清楚。她说,她在1958年从浩叶花(扎鲁特旗南部)跟着父亲迁移到诺颜苏莫(诺颜庙),那时诺颜庙主体建筑比较完整。村民住户不多,都在山坡上于庙周围居住。后来才慢慢从山上搬迁到山下盖房居住。当时诺彦庙附近的山上有很多榆树,夏天喇嘛们经常在树荫下乘凉。山东侧有腾岭河流过,山脚处形成自然泡子。喇嘛们从小泡子挑水吃。山的东面坡度很大,很陡峭,只有一条小山路连接着山西和山东。因而挑水时只能走这条路,时间长了就形成了山间小路。现在也能很清楚地看到往山上挑水的喇嘛们的生活足迹。小泡子和山之间也有很多茂密的榆树林。当时的诺颜庙风景特别美。腾岭河的鱼类很多,喇嘛和村民们经常钓鱼或抓鱼吃。如果现在庙依然存在的话,可作为有名的旅游风景区。别德琪琪格老人还给我们讲了一个小故事:有位名叫苏和巴特尔的人从外蒙古到内蒙古的途中到了乌兰哈拉嘎庙(今东乌珠穆沁境内)祭拜庙佛时被日本军队殴打致死。俄国人以此事为借口进入内蒙古,掠夺这附近寺庙的金银佛像和珍贵文物,毁坏寺庙设施,唯一留下的是庙的建筑,其他财产均抢劫一空。1958年旗政府打算修庙,但由于资金上的原因未能实现,反而把原建筑的青砖搬到其他地方。从此山上居住的村民陆续搬迁到山下盖新房居住,从而形成了现在的村落布局。1966年"文化大革命"开始后诺颜庙被彻底破坏,只留下了破碎的遗址。现在盗墓者把庙遗址也翻了几遍,甚至连安葬在西山下的喇嘛坟都没放过,均被盗挖一空。用青砖砌成的大约两米高的大喇嘛墓,前几年也被盗墓者挖地三尺。将近200年的历史文物在一次又一次的摧残下连遗址也渐渐消失,红火一时的诺颜庙历史也在村民的记忆里被逐渐淡忘。老人最后很感慨地说:"我们这一辈人死后,知道这一段历史的人就少之又少啦,你们这样有文化的人记录下来为咱村作出点贡献吧!"老人的这句话表露出对自己故乡过去的眷恋和对将来的期望。

根据《蒙古族大词典》的记载,这座喇嘛庙叫"贝勒庙"(也叫王子庙),正因为这个原因宝楞嘎查也被称为王子庙(蒙古语为:诺颜苏莫),现在民间也叫宝楞嘎查诺颜苏莫。广仁寺,蒙古族佛教寺庙,扎鲁特左旗贝勒爷的府庙,故称"贝勒庙",位于内蒙古自治区扎鲁特旗,茂盖图山南麓,始建年代不详。极盛时期,住庙喇嘛达300余人。

此寺原建在额尔德尼山南麓,诺颜仓西南茂都屯,5间小庙。后改建在诺颜仓东南2里处,茂盖图山南麓(现宝楞嘎查)。

初建大雄宝殿,继以全旗财政不断扩建。到清嘉庆十七年(1812年),奏请皇帝钦定"广仁寺",并赐满、蒙、汉、藏4种文字书写的金字匾额,悬挂于大雄宝殿正门之上。大雄宝殿是九九八十一间大殿,有64根红柱。大殿后间供奉释迦牟尼佛及其弟子像。还有贤劫千佛镀金铜像。佛前是堪布博克多法座和呼毕勒罕法座。大殿墙壁上挂着长寿佛,白度母和宗喀巴的本生记、极乐图、地狱图等。殿内悬挂着各种彩色经幡。东西墙摆放《甘珠尔》、《丹珠尔》经卷。大殿楼上供奉马头金刚、胜乐金刚、永保护法、阎罗王、吉祥天母等护法神。时轮殿、喇嘛殿各40间,位于大殿左右两侧。内供蓝白红3面、24臂时轮金刚佛和其他护法神等。1930年,在时轮殿前建了一座20间的大殿,殿内正中修建一四方坛城,以备时轮金刚灌顶大法会时施供之用。内供弥勒佛和千手千眼佛立像。殿内墙壁上挂着许多佛像和佛祖本生记。寺院周围有喇嘛住的房间200余间,还有阿拉嘎松喇嘛府邸及各殿庙仓。

每月初一、十五律定供佛法会。正月十五,大愿法会,供奉释迦牟尼佛,诵《圣本愿大乘经》,跳金甲天神"布扎",施火恭送祟驱邪,以求一年平安。三月十五至二十二举行时轮金刚灌顶大法会,诵《时轮金刚陀罗尼咒经》,祝愿众生有情长寿平安。从三月最后一天起,到四月十五,供16天嘛呢法会。六月,因参加旗庙大会,没有别的法会。七月十一至十四举行3天法会,跳金甲天神"布扎",供奉护法神。"布扎"角色有:金甲天神2,红脸三只眼,披挂铠甲，头盔插五色彩旗，双手持宝剑；马头明王2，是黄将军；黑将军2，绿脸三只眼，披头散发，手持骷髅和胫骨；阿个瓦（秘咒神）1，手持金刚和锡杖，帽穗遮眼；阿扎尔（丑角）4，黑白红蓝4种脸色；骷髅2，手持胫骨、踝骨。七月十五，跳米拉"布扎"，角色有：米拉佛2、阿扎尔（丑角）4、狗2、鹿2、黑白老翁各1，共12个角色。最后请弥勒佛上车，跳"布扎"者和僧人、信徒们随佛转庙。八月，夏令安居，从六月下旬至八月初四，共45天，诵《十八罗汉本生记》、《陀罗尼咒经》，共7天，以求忏罪积德。十月，有两次法会，一是密宗法会，诵《秘密陀罗尼咒》，共7天。不许俗人进入法坛。十月二十五是宗喀巴诞辰，诵《圣本愿大乘经》，夜点海灯。十一月，数九开始还有三天法会，以示驱邪镇魔。年底，吉祥法会祈福驱祟。此寺从20世纪30年代开始衰微，据伪满洲国康德二年（1935年）兴安西分省公署统计，该寺人员和庙产有：主殿1座、庙仓3座、管理人员10人、房屋25间、耕地2顷、荒地3顷、家畜45头（只）、红铜佛像128尊、黄铜佛像1305尊、泥塑佛像9尊、画像1117张、藏文经卷162部、蒙古文经卷129部、乐器72件、其他用具144件。1936年有各种佛2563尊、佛殿81间。殿内法器设备俱全。最鼎盛时期僧侣数达300名，1936年僧侣125名，庙主持为元旦扎木苏。1940年减至百余人。20世纪50年代初只剩下80多人。此寺历来治寺严明，法事精进。不少喇嘛赴塔尔寺、拉卜楞等各刹学法，获各种高级学位，始终受到札萨克及王公的特殊照顾，待遇优厚。培养了很多佛教人才，促进了蒙古族文化艺术的发展。著名说书艺术家琶杰、道尔吉等都是广仁寺的弟子。诺颜庙经历了130年的沧桑巨变，由兴转衰。20 世纪 50 年代合作化时期，为修水坝，寺庙被拆。

三 人物

根据《扎鲁特名人录》的记载，呼吉格尔（1929～1985 年），1929 年出生在扎鲁特左翼阿古拉扎兰毛道艾丽（今宝楞嘎查近邻的毛道嘎查）普通牧民斯勒格家。呼吉格尔于 1948 年参加革命工作，1970 年加入中国共产党。他虽然出生在毛道嘎查，但他从小就在宝楞嘎查所在地扎鲁特左翼诺颜庙读藏经、学医学。后来在名医格百扎木苏和扎米颜敖斯尔门下当徒弟，学了蒙医学。他从小就聪明好学，对蒙医学有极大的兴趣，学了几年后基本上掌握了蒙医学的基础知识和实践技能，开始走上单独行医的道路。

新中国成立初，在毛道苏木一带牧民的生活十分贫穷落后，尤其是医生很少，各种疾病多发，威胁着牧民们的身体健康。那时呼吉格尔医生到毛道苏木各个地方行医，服务于广大牧民。1958 年他和扎米颜敖斯尔一起每人投资 500 元建立毛道合作医疗站。该医疗站是当时在扎鲁特旗的第一所农村牧区医疗站。而且为其后建立的毛道公社医院，在职业技术和经营经济上都奠定了坚实的基础。毛道公社医院建立后他担任过院长的职务。呼吉格尔医生的"三个治疗法"远近闻名，即火针针灸治疗法、用羊肚治疗法、儿童疾病治疗法。他认真研究蒙医学的传统秘方，为治疗疑难杂症作出了突出贡献。他于 1981 年退休，1985 年逝世，享年 56 岁。

蒙古族著名说书艺术家芭杰（1902～1962 年），1902

年芭杰出生于扎鲁特旗毛道苏木额尔德尼山东麓（宝楞嘎查北侧）。8岁时，他们一家作为扎鲁特旗王府的百户奴隶之一搬进王府服役。有一次王爷的儿子得了重病，请喇嘛念经驱魔。9岁的芭杰被当做"灵通"作为"献给佛爷镇邪的礼物"送进王爷家的诺颜庙（宝楞嘎查所在地）当了小喇嘛。他天资聪颖，经文背得最多最好，绘画木刻成绩优异并获得了"嘎尔哈"的称号。但他始终梦想着成为一名说书艺人。他经常偷偷到寺庙附近的说书艺人卓旺家听说书、学说书。有时他自己也到附近的村庄给牧民说书。他忍受不了寺庙的生活。当喇嘛期间他为了离开寺庙，当个说书艺人，共逃跑了3次，每次都被抓了回去。寺庙大喇嘛没办法，只好把他送到王爷府请王爷处置。王爷听说芭杰擅长说书，便想让他为福晋说书解闷。他说了几段，福晋果然十分喜欢。随后由王爷允许他离开寺庙，但是对他约法三章，定了如下规矩：每年要在诺颜庙举行的集会上无偿说唱，终生不准还俗娶妻。这样，18岁的芭杰开始了他作为说唱艺人的生涯。他走遍了内蒙古昭乌达盟、哲里木盟、锡林郭勒盟和察哈尔地区20多个旗县，为草原上的牧民说书、说唱格斯尔故事，并创作说唱了大量的民间歌谣。著名艺术家芭杰虽然没出生在诺颜庙（宝楞嘎查），但他的说唱艺术从这里开始，当喇嘛的经历给他的一生留下了不可磨灭的印记。芭杰留给人间的是他用心血写成的17篇好来宝作品和3部史诗。他于1962年4月7日在北京与世长辞。①

---

① 巴拉吉尼玛主编《扎鲁特名人录》，内蒙古文化出版社，2007。

第二章　经济

第一节　农业

一　开垦历史

根据《扎鲁特旗志》的记载，光绪三十一年（1905年）前后，扎鲁特二旗境内，已有少数汉族流民应招垦荒。不久，经棚以东地区以及科尔沁各旗，陆续开放招垦。光绪三十一年开始，经棚、大板一带农民率先开荒之风逐渐波及扎鲁特草原，也有少数农民开始北移，在不易被人们发现的地方开始零星垦荒。当时扎鲁特左右翼旗这片荒原开始有了农田。光绪三十一年，扎鲁特在左右二旗首批放荒1.1万顷，其中扎鲁特左旗5000顷，扎鲁特右旗6000顷；到光绪三十三年（1907年），陆续开放招垦。到光绪三十三年，扎鲁特左右二旗在原有隶属关系不变的同时，又受直隶省（承德府）热河都统的直接监督。

民国时期扎鲁特左翼旗王爷勒旺巴拉珠尔，在北平纳妾定居时，认识了东北军阀张作霖部下参谋陆民国，后来他向陆民国等大富户借了许多钱，作为其挥霍的费用。因无法偿还，卖两道沟地抵债。民国九年（1920年）6月，扎鲁特左翼旗聘任高知（名高知，别号义山）为扎鲁特左翼旗蒙荒局局长。高义山到扎鲁特左翼旗之后，在古尔本套拉盖山（即现鲁北北侧的炮台山）下修建了3间土房落脚。他成立了"裕丰公司"，从内地招进大批农民，由"裕丰公司"高价出售土地及地照。当时扎鲁特左右二旗王公及扎黑日其等人争先圈地招垦、放荒、私吞收入，满足欲望。扎鲁特左翼旗首先将珠日合放垦给老冯家之后，又先后放垦了阿贵吐（即窟窿山）、召斯敖包、加拉嘎、刚哈布海、巴彦查干温泉、道格冷阿吉、双四台、查干敖包、宝尔套拉盖、哈尔朝鲁、会斯、玛拉嘎（现宝楞嘎查北侧）、巴尔嘎散塔拉、查干套拉盖等地。

1947年，扎鲁特地区得到解放，党在农村牧区发动土地改革运动。在宝楞嘎查上级部门的号召下人民开展了轰轰烈烈的大生产运动，大量开垦荒地。1959年，为了贯彻"农业八字宪法"，该嘎查大搞秋翻地，进一步平整土地，修渠打堰，以沙盖碱、黏土掺沙等方式，改良土壤，改土造田。1975~1976年为了实现上级部门的"广种博收"的农业政策，该嘎查再次开垦大量荒地。

二 农田水利

据额尔敦毕力格的介绍，扎鲁特旗处于山区、半山区和丘陵区，地形起伏不平，北高南低，自然环境良好，地理条件优越，境内小河泉流颇多。中部有南北流向的乌努格其河、巴彦巨流河、广兴堡河、腾岭河（鲁北河）。其中腾岭河流过宝楞嘎查界内。腾岭河地区位于冲积扇中上部，含水层由圆砂砾、卵石组成，混多量黏性土，冲积扇轴部含水层厚度为14.8~20.75米，边缘厚度为4~5米，地下水深1.5~3.0米，水力坡度约1‰，该地区内含水层厚度不大，富水性不好。

干旱是宝楞嘎查地区威胁农牧林生产的大敌，也是呈现最频繁的自然灾害，俗称"十年九春旱"。根据该村最近30年的资料记载分析，春旱22个（严重春旱10个），夏旱19个，秋旱19个，几乎每年都有程度不同的干旱。洪灾主要是腾岭河水泛滥较为严重，据说历史上曾多次发生过水灾。该嘎查从腾岭河开始到达荷叶哈达嘎查修了将近10公里长的水渠。修渠目的为用腾岭河的水灌溉该村南部的大片农田。由于当时的地形和水量不足等诸多原因，始终未能发挥水渠的实际功能。

以1991年8月洪水为例，洪峰流量接近百年不遇特大洪水，冲毁工程，淹没农田草牧场。这次洪水冲毁了该嘎查通往东山农田和东部其他临近嘎查的唯一通道——水泥大桥。为了及时恢复通往东部的交通，嘎查领导立即组织村民开始修建新桥，从旗水利局专门派技术人员指导，苏木出50%资金，嘎查出50%资金，共投入15万元，在嘎查委员会和广大村民的共同努力下圆满完成此项工程。该桥的特点为地基深而且坚固性强，上下高度小，这样可减小洪水的冲击力，洪水直接从桥上面流过，对桥的损坏很小。这样一方面利于洪水通过，另一方面保护了桥的安全。

为战胜水旱灾、夺取农牧林业生产的丰收，2007年国家环保局、发展和改革委员会批准在宝楞嘎查东侧兴建水库。通辽市政府及水利建设部门也筹备拦蓄腾岭河水兴建水库的有关事项。宝楞嘎查村委会主任额尔敦毕力格满怀信心地说："兴建水库对咱嘎查的经济建设非常有利，一方面水库建成后我们打算在水库周围种植草木，美化环境，招商引资，发展旅游业。另一方面利用水源战胜自然灾害，变水害为水利，引水灌田抗旱灾都非常有利。现在村民对兴建水利工程积极配合，我们大家期望着水库早一日建成，咱嘎查的父老乡亲早一日富裕。"

在采访经常下乡且到过该嘎查的原毛道苏木退休干部宝音时，他给我们讲述了该嘎查开发和利用地下水方面的事迹：面对最近几年的严重旱灾，嘎查领导带领群众从1989年开始出资在村里架设高压线，在该嘎查南部的农田打了一部分水泵井。每30亩承包地里打1口井，达胡白雅尔、王子学、巴图、孟克等人的承包地里共打了5口井。资金的50%由个人出，50%由水利局出，还给予打井的农户减免农业税等优惠条件。1989～1991年实施的这一系列措施对嘎查南部农田的灌溉起到了积极的作用。但1991年的洪水冲毁了水泵井及其设备，从此井失去了原有的功能，设备也成为一堆废铁，后来设备丢失。这次的打井运动也就这样昙花一现。近几年，地下水开采，是以土方法转向半机械化至机械化打井与群众打井相结合，已打了几十口合格机井，为宝楞嘎查发展农牧业生产发挥了显著作用。但打井的费用较大，打一口井约需要8000元，因此农民个人无法打井。

三 作物种类

据史料记载，宝楞嘎查位于扎鲁特旗中部地区，属于半牧业半农业经济。"半牧半农"，就是经营牧业的同时经营农业，总生产各占一半。清朝初期，扎鲁特左旗只有糜子一种作物。1905～1907年，扎鲁特旗受辽宁地区种植业的影响，开始播种玉米、谷子、糜黍、荞麦、豆类作物、蔬菜等。关于如今的宝楞嘎查村民所种植的农作物种类情况我们特意采访了村委会副主任双武。他结合自己的经验和所掌握的情况给我们一一介绍。

玉米 当地俗称苞米,是宝楞嘎查主要粮食作物之一。20世纪70年代以前,主要种植当地玉米品种,有黄马牙、金顶子、大八趟、小黄苞米、小白苞米。20世纪70年代以后,进入玉米单交种、双交种共同推广时期。70年代初,引进吉双4、吉双147、吉双83、吉双104,亩产已达300公斤左右。此后相继种植由三合屯自育成的哲单3、巨单1、哲单35、哲单36、哲单37。哲单35、哲单37,亩单产达500公斤。哲单36,亩产可达650公斤。

谷子 谷子曾是宝楞嘎查种植的主要粮食作物之一。20世纪70年代以前,主要种植当地品种的谷子,有大金苗、小金苗、鸭子嘴、大红苗、毛毛谷、茬子青、唐谷等。70年代以后,引进53–5、昭谷1、昭谷2、公谷23等品种,相对提高了产量,亩产150~200公斤。至80年代末,大金苗、小金苗、茬子青仍在种植。调查期间除哈斯等少数村民在自家菜园里少量种植外未发现其他村民在农田里种植谷子。

糜黍和荞麦 糜黍和荞麦都是晚田作物,如旱田播种错过种植农时或旱田作物因各种自然灾害而毁种时,多数村民会种植糜黍和荞麦。

糜子 可制作炒米,20世纪70年代至80年代末,为宝楞嘎查种植面积最大的农作物。2007年,由于严重的干旱,该嘎查糜黍和荞麦的种植面积和产量有所增加。我们结合双武所介绍的情况对几户人家作了抽查。据调查,该嘎查村民种植糜黍和荞麦的情况如表2–1所示。

表 2-1　2007 年宝楞嘎查农户糜黍和荞麦产量[*]

单位：公斤

农　户	糜黍产量	荞麦产量
图门乌力吉	0	400
格百	100	500
孟克	—	350
布和	—	500
敖特	—	500
阿拉坦白拉	—	500
孟力吉日嘎拉	50	250
宝安		300
小巴德玛		200
栓柱		60
色音毕力格		200
布仁白拉	30	750
包孟和	—	500

* 表格由笔者根据调查采访数据制作。

从调查的统计表来看宝楞嘎查的荞麦产量明显高于糜黍。采访时图门乌力吉介绍，原因大致有两个：一方面，荞麦易种易收。荞麦较晚种植，较早收获，成熟的时间短，投入的劳动力小且农作程序简单。另一方面，荞麦适合日常食用。近几年在市场上白面涨价，只吃白面不划算，而且由于牛的数量减少，喝牛奶不方便，因此与牛奶搭配食用的糜黍（炒米）的食用量自然而然减少。荞麦面不但能和着白面食用，还可以单独做面条或烙饼、包饺子等。

豆类作物　豆类作物有大豆、绿豆、小豆等。豆类作物中大豆种植面积较大。大豆当地称黄豆。20 世纪 90 年代大豆是宝楞嘎查农作物中种植面积和产量仅次于玉米的粮食作物。近几年宝楞嘎查农民的粮食作物中豆类作物占有一定的比重。根据2007年调查来看，30%的农民都种植绿豆。比如，孟克家产量为2000斤、布仁白拉家为1000斤、吴吉日嘎拉家为600斤、栓柱家为100斤、巴德玛家为800斤、敖其尔家为600斤、阿拉坦白拉家为1000斤、布仁巴图家为2000斤、图门乌力吉家为2000斤。村民之所以都种植绿豆，主要原因为绿豆产量高、售价高。

蔬菜类 20世纪70年代末至90年代初是宝楞嘎查蔬菜种植面积最大的时期。几乎每家每户的自家菜园或农田里都会种植面积不等的蔬菜，目的不是自食，而是销售。蔬菜的种类有八大类，品种也多样化。白菜类：白菜、结球白菜、结球甘蓝。根菜类：萝卜、胡萝卜。葱蒜类：大葱、大蒜、韭菜。绿叶类：菠菜、芹菜。薯芋类：马铃薯（土豆）、甘薯（地瓜）。茄果类：茄子、辣椒、西红柿。瓜类：南瓜、黄瓜、西葫芦。豆类：豆角。现在种类逐渐减少，呈现单一化趋势，种植的目的为满足自食的需求。村民认为，近几年自家菜地逐渐沙化，土质松软不适合大面积种植蔬菜。据调查，2007年该嘎查村民的菜园子里所种的蔬菜主要为马铃薯。因为马铃薯是一年四季的主要蔬菜，产量多、容易储存。比如，田阿木日家的马铃薯产量为300斤、白乌力吉家为500斤、格百家为200斤、萨仁朝格图家为300斤、孟克家为300斤、白乙拉家为200斤、巴图家为200斤、阿拉坦白拉家为400斤、额日和家为400斤、包斯日古楞家为400斤，刘额日德家为500斤。

农作物按成熟时间的长短分早田和晚田两种。早田成熟的时间较长，在农历五月初开始种，十月中旬收割。早田作物主要有玉米、高粱、黄豆等。晚田种类主要有荞麦、

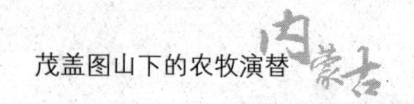

白菜、萝卜等。据调查，现在宝楞嘎查由于受到气候的影响，加之自然灾害频繁等，农作物的种类逐渐减少，主要有玉米、绿豆、荞麦、糜子等。其中种植面积最大的经济作物是玉米，原因是：第一，玉米容易种植且产量高；第二，玉米秸秆可作为柴火或牲畜草料等。最近几年由于雨水少、干旱等原因，荞麦的种植面积大大增加。因为晚田作物荞麦的生长特点适合干旱气候及沙化土地。荞麦生长期短，种植之后，大约3天发芽，30天开花，60天成熟。一般情况下，6、7月开始种植，8、9月就可以收割。

四 农作日程

根据该嘎查拥有多年耕种经验的农民宝音特古斯老人介绍，宝楞嘎查农业耕作是一年一熟的轮作制。轮作制就是避免把同一作物在同一地块上耕种多年，采取循环耕作的方法。而适于轮作的农作物分为软茬和硬茬两种。所谓软茬是植株秸秆的软细根子多，如谷子、糜子等。硬茬植物秸秆硬细根子多，如豆类、玉米等。轮作顺序是第一年种谷子，第二年种糜子，第三年种大豆。

（一） 翻茬

翻茬一般是在秋天收获后进行的一项土地整治作业。农民种植作物之前一般情况下必须翻茬，即松软土地。翻茬有两种形式，一种形式是开垦新地时必须在前一年秋季开地，第二年春季种农作物之前再次翻地松软土地。如果翻过的土地上还有土块，必须再次用铁锹或镐头弄碎铺平。另一种形式是如果是以前种过的地，春耕前用拖拉机或木制犁具将茬子翻入土中。由原来的垄台变为垄沟。被土壤覆盖的茬子可作为肥料,供次年作物生长。宝楞嘎查村民习惯将玉米、谷子、大豆、高粱的茬子进行翻耙。

(二) 收茬

宝楞嘎查村民习惯用木犁挑茬施压,用镐头或二齿子(两个齿子的农具)把原来农作物的茬子清理在农田之外。将茬子拉回家中作为燃料,一是解决土地卫生,为次年种植和铲地创造便利条件,二是减少病虫害发生,起到清除田间病虫寄生于植物的作用。现在禁止砍柴,搂草后农作物的茬子对每户家庭的作用更为重要。采访时我们发现多家农户做饭或取暖时,大灶里烧的都以往年的农作物秸秆为主。

(三) 施肥

据年长的村民讲,很早以前,该嘎查村民耕地不施肥。后来政府号召施肥增产,村民才开始重视施肥,主要施农家肥。一开始全村几户村民耕地时施肥,大部分村民不知道或嫌麻烦不愿意施肥。后来有些村民施肥的农作物大丰收,激励了相当多的村民。为了保护土地和提高产量,村民开始在田地里施肥。调查时村民告诉我们农家肥的发酵方法:肥料主要是家畜的粪或牛羊圈里长时间内形成的厚厚的一层肥,春季和冬季两次搬运到院子外面的洼地里堆积。2007年冬季我们调查采访时正好看见该嘎查村民宝音把牛圈里的厚肥刨开后往外搬运的过程。老人家说:到了夏天之后把这些肥料仔细搅拌后浇水发酵,准备作为来年春季的肥料。春季种地之前把肥料转运到农田里,一堆一堆堆在农田里,用土覆盖以防止被风刮走。种地时用犁翻开地之后先放种子然后上面加肥料。20世纪70年代开始从单一使用农家肥逐渐发展为使用化肥、微肥,形成多元素肥料的配制使用方式。结合运用农家肥料和化肥是现在农民普遍采用的农耕技术。种地时犁翻开地之后先放种子然后用手或丁葫芦(蒙古语,专门撒化肥的农具)加化肥。有些村民在农作物长到一定高度时用勺子或手在农作物苗根上再施化肥。这样的施肥方法有利于保护土壤肥力,促进农作物的生长,提高产量。

(四)播种

以前该嘎查村民种地时使用畜拉木犁具的古老方法,一般两头牛拉木犁,后来有的村户使用铁制犁。该村一般不用骡子或马拉犁。现在大多数村民都使用三轮拖拉机、四轮拖拉机或播种机。村民说,播种环节是农作日程里最关键的过程。播种得好坏与否,直接影响农作物的生长以及产量。播种时需注重土地的湿润程度甚至注意风力大小,如果风大种子飞出去掉在别处会影响生长及产量。农作物除大豆类、高粱、谷子之外,大部分在谷雨(阳历四月下旬)前后播种。荞麦、糜子、小豆和绿豆等在芒种(阳历六月上旬)后播种。主要的蔬菜等在初伏(阳历七月中旬)前后播种。如果立夏还不下雨,只能先播种再等雨。用传统的方法播种时家里的男女老少都得参与,每个人都有自己的任务。比如,一般父亲负责把犁翻地,因为调整翻地的深度和距离是技术性很强的工作,必须由有经验的人把关。母亲一般播撒种子,因为种子之间的距离也会影响农作物的生长,所以需要有经验的人专门把关。其他成员都参与加肥料或牵牛等辅助工作。

第二章 经济

（五）分苗和补苗

宝音老人讲，分苗和补苗是一般村里比较勤奋的村户每年不可缺少的工作。比较懒惰的村民不重视这个环节。该嘎查村民特古斯说，种子发苗后如果苗过稠密，必须分苗。特别是玉米等秆儿高、根儿深的农作物需要分苗。这种农作物的苗长出来后，需要仔细观察苗的分布情况，过密集的地方需要清理多余的苗，过稀少的地方需要补种。苗过密集，会延长农作物的成熟期，影响生长速度及最后的产量。苗过稀，也会影响最后的产量。所以保证农作物的正常生长速度和正常产量必须分苗和补苗。分苗和补苗完成后必须用脚踩一踩苗根部的土把苗固定住，然后浇少量的水，第二天再去观察。

（六）铲地和耥地

我们采访包斯日古楞家时他为我们详细介绍了该嘎查村民铲地和耥地的有关详情。他说铲地和耥地是促进农作物顺利生长和直接影响产量的重要环节。所以农作物从发芽到收割需要经过两次到三次的铲地过程，大多数村民铲两次，勤奋点的村民铲三次甚至四次。该嘎查村民铲地的工具叫铲子（蒙古语叫洋斯古儿）。每家每户都有大小不等的铲子，一般玉米等苗之间距离较大的农作物用大铲子直接站着铲，如果是谷子等苗之间距离较小的农作物必须用小的铲子蹲着铲杂草（当地叫"耗地"）。第一次铲地主要清除刚发芽的杂草。第二次铲地在天气炎热的数伏等农作物生长快速的时期，这时铲地会对农作物更好地生长起到非常好的促进作用。如果第一次铲得较彻底，第二次铲地时杂草少不费力气。如果第二次铲地彻底，基本上不需要第三次铲地，只要清理较大的杂草即可。因为这时农作物已生长较为成熟，所以小的杂草对农作物的影响不大。铲地的最佳时期是天气干旱时期，因为这种天气可以防止被铲除的杂草复苏生长。村民觉得耗谷子最辛苦，因为一整天趴着耗地身体很累而且谷子苗和杂草很难辨别，一不留神就会把谷子苗铲出。所以村民除非在迫不得已的情况下，一般不愿意种植谷子。

稠地即用犁把土堆在农作物苗的根部。农作物需要稠地两次或三次。第一次稠地在农作物苗长出一定高度后进行，以防止苗被埋在土里。第二次或第三次稠地选择下雨后或较潮湿的天气，这种天气稠地很容易把土堆在农作物根部，效果非常好。但农作物不能过高，过高时稠地容易损坏农作物。稠地不但对农作物的生长有利，而且可以防止农作物在刮风下雨等恶劣天气中被刮断或折断，保护农作物顺利生长。采访结束时包斯日古楞从仓库里拿出用铁丝编成的像帽子似的一件东西，让我们猜一猜是什么。我们都没猜对后，他笑着说这是农民稠地的时候用以防止牛吃农作物而套在牛嘴巴上的笼头，现在大多数村民都使用拖拉机后便很少用这个了。

（七）收割

据该嘎查村民讲，到秋季中旬农作物成熟后才收割，收割采用的方法也是用手割的传统收割方法。收割玉米时，一般先用镰刀割完，然后堆放成前后间隔两米左右、左右间隔三四米的堆，以便拉上车。拉回家后在院子里竖着放以便通风。这时期是农民最繁忙的季节。荞麦、谷子等农作物成熟后如不及时收割，容易被风刮倒或被一些鸟类损坏。豆类农作物需戴上手套小心翼翼地割，如不及时收割，就会损失严重。采访 2007 年种植绿豆面积较多的图门乌力吉时,他告诉我们 2007 年他的绿豆损失较大。原因就是耽误了收割时间在地里爆出一部分,运回家里时也损失了一部分。荞麦根子软很容易割,但不小心翼翼也会损失。糜黍或谷子割完后必须一小捆一小捆地捆扎后运回家。现在农作物秸秆成为每个家庭主要的做饭、取暖燃料,所以没人像以前一样随便丢弃而是都整整齐齐地堆放在院子里以便使用。

(八)打场

该嘎查每家每户都有打场场地,即农作物收割完后,运回打场场地开始收粮食。一般腾出菜园的一部分作为场地,用石磙子(蒙古语叫宝路)碾平后准备打场收割。采访时该嘎查村民吉日嘎拉为我们讲述了自己打场的情况。他说嘎查里的村民都是把农作物运回家后收,极少数村民由于家里没有适合的打场场地,因此只能在别人的场地打场或田地旁临时造的一个场子打场。他们家的打场场地是用菜园子改造而成的。他每年夏天把打场场地翻开后种白菜,到了秋季收完白菜后再弄平弄坚固后改造为打场场地,这是一举两得的好办法。

一般情况下,先收荞麦、豆类农作物。将农作物在平地上铺好后用车或牲畜在上面碾压以使粮食和秸秆分开来,然后用木锹把粮食往上抛撒,用被风吹的方法把零碎的秸秆皮和粮食彻底分开。玉米等农作物要彻底晒干后才开始收。用脱壳机把玉米和棒子分开。最后装在麻袋里放在通风处运出去出售。收玉米对每户村民来说是秋季和冬季之间最大的农活儿。因为每家每户种植最多的是玉米而且收玉米需要很多劳动力，一般是几十人、二十几人，粮食收完后主人摆酒席宴请帮忙的人吃饭热闹一番以示感谢。由于每家每户都有收玉米的过程，所以一般村民免费互相帮忙。有的农户专门雇人打粮食。

五　农业生产工具和耕作技术

据别德琪琪格老人讲，新中国成立以前，宝楞嘎查农业上一直沿用着古老的传统手工具，如锄镰锨镐、碌子碌碡、杈把扫帚、抬扁担、碾磨扇、木犁、木花轱辘车、胶轮车。牛犁耕地技术使用后一直延续到90年代末。这些农具结构简单，使用方便，成本低，但劳动强度大，效率低。现在由于地少人少，宝楞嘎查的农业生产机械化程度很高。除了少数人家外几乎家家都有拖拉机。耕作技术最突出的特点是传统技术和机械化技术结合，即播种时用拖拉机、播种机，收割和打场时用传统手工方法。现在种地没有拖拉机是绝对不行的。拖拉机在当地农业生产中既是生产工具，又是交通工具。该村周围沙化严重，村子里的道路遭遇连年洪涝灾害，道路沙化，自行车、牛车、马车无法通行。转运或运回农作物只能靠拖拉机运输。

一套完整的农业机械大概需要投资16000～18000元。包括一台拖拉机、一个拖斗、一个犁、一个耙和一台脱粒机。由于价格高，每家的农业机械都不是完整的，有的人家只有拖拉机，自己没有的部分需要去向别人借。所以出现以前从未有过的几家农户合作耕作的新现象。2007年宝楞嘎查有大中型拖拉机20台，小型拖拉机78台，大中型农机具12件，农用三轮车13台，农用汽车3台，玉米脱粒机4台，联合收割机1台，推土机3台，播种机10台。

六 农业投入和农业收入及支出

据额尔敦毕力格主任介绍,宝楞嘎查耕地面积5600亩,由于受到干旱、土地沙化、水涝自然灾害,2006年耕地面积减少1000亩。现在人均耕地面积6亩左右。农民的经济收入减少了30%左右。

宝楞嘎查村民的经济收入中,农业收入是最重要的来源,一般占总收入的70%~80%。农业是宝楞嘎查的支柱性产业,在经济中占有相当的比重。特别是实行联产承包责任制后,农业收入的比重逐年增长。所有粮食作物中除了糜子、荞麦、马铃薯之外其他粮食作物都销售。由于受到气候的限制,经济作物种类非常少,种植最多的是玉米。由于作物的生长期短,加之连年干旱等自然灾害频繁发生,粮食和经济作物的单位面积产量很不稳定,有丰有歉,尤其是从1998年开始,洪涝灾害和严重的旱灾使产量大幅度下降。

该嘎查以前销售粮食都是送到鲁北镇粮库去卖,现在的粮食销售都是农户独立进行。农户卖粮食一般有两种渠道:一是自己到外面联系买主,谈妥价格,然后把粮食送去或让买主到村里运粮;二是(也是最多的渠道)把粮食卖给那些到村里收购的人,大家觉得这样可以省去很多的麻烦,哪怕价格稍微低一点也值得。收粮食的人除了外地人之外,也有本嘎查的人。他们先在嘎查里收购粮食,然后再以更好的价格卖到外面去。宝楞嘎查村民的平均粮食收入为4600元,其中卖玉米的收入占总收入的90%以上。

农民的农业支出主要集中在种子、化肥和农具的维修、燃油等费用上。

表 2-2 2006 年宝楞嘎查 20 户典型村户农业收入及农业支出对照*

单位：元

姓 名	农业收入		农业支出					
	粮食作物收入	经济作物收入	种子	化肥	农药	维修工具	燃油	雇工
包孟和	4000	无	600	1000	200	1000	500	—
小巴拉吉	2000	—	1500	800	100	600	1200	
敖其尔	3000	1000	1500	700	400	3000	4000	400
布和白拉	5000	1600	800	300	200	200	200	300
巴图吉日嘎拉	1000	—	230	500	300	—	—	300
栓柱	4000	3000	1000	1000	800	1000	2000	—
图门乌力吉	16000		1000	1700	150	150	10000	
格百	5000		600	1000	200		600	
额日和	4000		800	800	400		300	
少布	6000	—	600	600	200	1000	4000	500
刘颖日德			1500	500		300	500	
阿拉坦白拉	5000		1500	200			500	
孟克	7000		400	1000	500	500	1000	
萨仁朝格图	3000		2000	300		2000	700	
田阿木日	1000		500	400	300	100	300	
布和	3000		100	300	300			
包斯日古楞	2000		2000		100	500	300	200
韩金海	8000		1000	1400	600	1300	700	
小巴德玛	3000		300	200	100	200	7000	
马赛音白拉	5000	2100	300	500	130	1000	100	200

* 表格由笔者根据调查采访数据制作。

从表 2-2 来看，最近几年宝楞村村民农业经济上投入多，收获少。以村民田阿木日为例，他家是村里的特困户之一，一家四口，两个孩子在读书。2006年旗民政局扶持4000元，帮他建了70平方米的房子。家庭贫穷的主要原因是他虽然当过兵，但患有腰椎间盘突出病，无法长时间劳动。另一个原因为只靠农业收入维持生活，没有其他副业收入作为补充，近几年由于干旱，农业投入多，收获少。据他说，2006年，他家买种子花了500元，化肥400元，农药300元，维修农具100元，燃油300元，生产支出总共1600元，当年的粮食作物收入1000元。他说的虽然有些夸张，但观察他们家周围环境和生活条件来看确实不问而知。该村的低保户的数量增多，2007年为止已达到21户，占全嘎查总户数的11.3%，人口已到67人，占全村总人口的8.6%（见表2-3）。

表2-3 2007年宝楞嘎查低保户花名册*

单位：人

姓 名	白玉	阿拉坦敖其尔	明干白拉	乌云毕力格	邓祥	董财	巴图
人 口	2	6	4	3	6	6	5
姓 名	图门吉日嘎拉	小巴德玛	刘德喜	范云龙	赵有金	尼日布	双小
人 口	4	4	3	4	4	4	3
姓 名	毕力棍	乌云巴特	刘那顺	华国栋	田阿木日	小巴拉吉	银花
人 口	2	4	2	6	4	5	3

*表格来源于嘎查档案。

七 典型个案

2007年栓柱家生产成本与收益账本

户主：栓柱；妻子：胡达古拉；儿子：银锁；儿媳：乌仁图雅。一家四口人，蒙古族。受访者：栓柱。

按受访对象提供的（根据栓柱本人填的调查表）具体数字整理如下。

1. 农业生产情况

（1）支出

耙地：10垧，10垧×140元/垧＝1400元

玉米种子：100公斤×10元/公斤＝1000元

化肥：二铵、尿素，共7袋，1000元

农药：27瓶×30元/瓶＝810元

播种：10垧×130元/垧＝1300元

锄地：自己，200元

铲地：自己和雇人，200元

耥地：两遍，燃油费，480元

收割：雇人和自己，400元

拉玉米：燃油费，520元

打场：租用机器，人工，600元

卖粮：燃油费及吃喝款，1000元

共计：8910元

（2）收入

种玉米收入：6320元

其他经济作物收入：3080元

共计：9400元

农业生产纯收入：9400元 – 8910元 = 490元

2. 家庭副业情况

主要副业为养猪，一头母猪、四头小崽儿。修建猪圈和养猪的一年支出大约1000元。卖猪崽儿和卖猪肉的收入为一年2000元左右。这样，养猪业一年的纯收入为1000元左右。再加上短期帮工收入大约一年1000元。还有43亩林地，但林木尚未成材，过几年后可能林业上会获取可观的收入。

第二节　畜牧业

一　牲畜种类

宝楞嘎查畜牧业发展历史悠久。据白乙拉书记介绍，到2008年为止该嘎查未实施禁牧、圈养政策，所以饲养牲畜的方式依旧是传统方式。20世纪90年代之前主要是马、牛、山羊、绵羊等四种。牛有蒙古牛、草原红牛、西门达尔牛。其中蒙古牛体小结实，抗病力强，使役性能好，可肉乳兼用，适应当地自然条件。马主要是蒙古马，耐寒，耐粗饲料，耐久力强，乘骑、车辂兼用。绵羊主要是蒙古绵羊，大多鼻梁隆起，耳下垂，尾肥大，多脂肪，头部多呈黑色或褐色，全身白色，公羊有角，母羊大多无角，其特点是适应性强，体小，毛粗。山羊主要是蒙古山羊，全身皮毛大多为白色，毛粗硬，尾小无肉，公母均有角，身躯灵活，善攀登，母羊多数产一羔，极少数产双羔。但随着经济行业发展的变化，目前畜牧业发展主要以饲养蒙古牛和羊为主。最近由于连年干旱等原因，农民的农业经济收入急剧下降，养羊的人越来越多。由于羊绒和羊肉价格较高,收入可观,所以该嘎查致富户大多数以经营畜牧业为主。全嘎查养羊大户共 6 户,平均养羊 1200 头左右。

由于传统的耕作方式被机械化的耕种方式代替和交通工具的机械化,马和牛的耕作作用不大及饲养难度大等原因,饲养马匹的数量在逐渐减少,全嘎查就双全一家饲养一匹马,主要用于乘骑。马的数量减少是经济规律在起作用。而牛的减少则无疑是因为生态方面的影响了。因为牛这种家畜,其经济价值在目前并没有降低,其减少实际上是因为环境变化而使牧草减少引起的。牛这种动物,由于其生物学上的特征所限,是无法采食到草茎较低的牧草的。因而,牛变得越来越无法适应变化了的环境。随着该地区草场的日益退化,草木长不高,这种生态环境不适合养牛,所以 20 世纪 90 年代开始养牛的人数日益减少,现在全嘎查养牛户数量只有 23 户,牛的数量仅 92 头,据说这些牛主要是为了满足牧民(或农民)的奶食品需求而存在的。因为各户的头数较少,出卖及屠杀的余地就很小。

二 饲养方法及政策

据史料记载,历史上宝楞嘎查牧民与扎鲁特旗其他地区牧民饲养牲畜的方法一样,主要是游牧。对于牧场的使用则采取轮牧的办法,每年逐水草而游牧。清末民国初年变游牧为轮牧,分季轮牧。轮牧牧场没什么设施,仅一座蒙古包和一辆勒勒车。牧民不用跟羊群放牧,轮牧到哪儿,牲畜绕"包"而放。放牧方法为"夏秋放远,冬春门前"。新中国成立后,放牧由移场游牧变为定居放牧。在农区和半农半牧区母畜、耕畜、子畜逐步实行了半舍饲、舍饲。

据该嘎查养殖户德格吉夫讲,20 世纪 80 年代之前,饲养马匹，通常是野放的方式，让它们自己去找草吃、找水喝。这种野放方式饲养比较简单、方便，当时耕地面积不大，对庄稼不会带来多大影响。但近几年随着耕地面积的扩大，到处都是农田，所以马野放的饲养空间缩小，无法维持这种方式，开始圈养，配有马圈。把马放到草场，用绳索限定其吃草的活动范围，晚上把马牵回马圈过夜，冬季缺草时用饲料喂养。

牛的饲养跟马完全不同。多年来采用集体放牧的方式，即村里通过自愿的方式选出一个放牛人（通常叫牛倌）专门管理牛群。全嘎查所有的牛集中在固定的草场内统一放牧。每年的放牛时间为5月初至10月末。5月初农民开始种地后不得随便野放，以防止损坏农作物，一直到农民们收割完、运完农作物后的10月到第二年5月之间可以野放。集体放牛时，村民们必须每天清晨5点钟，按时间把牛从圈里放出来，交给牛倌，统一放牧。到傍晚7点钟，每家每户都到嘎查东头同一地点接回自己的牛。如果自己没按时接牛，牛跑到农田里损坏农作物，牛主负全部责任。统一放牧时间之外牛死亡或丢失牛倌不负责。一般情况下一头牛一年的放牧费为70元，冬季一般外出散放，晚间放牧归来，补给青干草。

在羊的饲养过程中，选择什么样的饲养方式系根据当地的自然条件、季节、社会环境及怎样有利于充分发挥羊的生产力来确定。宝楞嘎查有放牧饲养、放牧与补饲料结合饲养两种方式。

放牧饲养是利用天然草场或茬地放牧抓膘的一种饲养方式。据牧民布仁白拉介绍，山羊和绵羊的采食能力强，适宜放牧饲养。放牧能增加羊的运动量和接受阳光紫外线照射的时间，有利于羊体康健，并且放牧饲养节约开支，可以降低畜产品成本。有些牧民为了更好地放牧饲养，远离村庄，选择较好的草场，建房屋和羊圈，专门放牧饲养。该村这种放牧饲养户有 3 家。

放牧与补饲料结合饲养是宝楞嘎查大多数村民采取的最普遍的饲养方式。该嘎查有一定的放牧草场，但以农田为主，多采用这种方式。夏、秋季节青草茂盛，外出放牧，晚间可割草或以农副产品补饲。若牧草质量好，全靠放牧可以满足羊本身的营养需要，体壮膘肥。入冬以后到早春这个阶段，牧草枯黄、营养低，昼短夜长、放牧采食时间短，不能满足羊的营养需要，并且这个时期正是母羊怀孕后期和哺乳期，也是羊育肥后期，不补饲料，不但会影响母羊产奶、羔羊的出生重量，并且易导致母羊产弱羔多，羔羊成活率低，育肥羊达不到育肥效果。因此冬春季节实行半放牧、半舍饲为主的饲养方式，放牧归来，补给青干草、农副产品。宝楞嘎查牧民有人工为牲畜补草补料的饲养习惯。一般除优良种畜外，在冬春季节风雪灾害期间与牲畜春乏时期补饲，首先保证给种畜和老弱病幼畜补饲。

放牧时采用自己放牧和雇用其他人放牧两种方式，一般情况下被雇用者的报酬是包吃包住一个月 700 元。

三 投入产出

宝楞嘎查书记白乙拉讲，由于近几年村民的农业收入减少，畜牧业逐渐成为多数村民的支柱性产业。该嘎查贫富差距不大，但养羊的村户与其他只靠农业的村户相比，生活水平比较富裕，原因在于近几年干旱少雨的情况下，畜牧业的收入与农业收入相比高得多，收入较稳定。

表2－4　2007年宝楞嘎查主要养羊户的投入与产出情况*

单位：元

养羊户	数量（只）	养羊投入项目					养羊产出项目			
		饲料	疾病防治	养羊人工	羊场	总额	销售产品	自用产品	副产品	总额
图门乌力吉	110	6000	1000	2000	1000	10000	26000	2000	2000	30000
巴图	30	700	100	100	100	1000	3000	—	1000	4000
德格吉日夫	120	6600	2300	2100	1000	12000	30000	2300	1700	34000
小巴拉吉	100	5000	1200	1800	1000	9000	23000	1000	1000	25000
王子学	250	11000	3000	4000	2000	20000	83000	2000	5000	90000
少布	35	1800	240	160	100	2300	11000	200	800	12000
布和白拉	20	500	80	200	100	880	3800		200	4000
孟克	30	700	100	150	160	1110	4200		800	5000
萨仁朝格图	15	300	50	65	40	455	1850		150	2000
刘额日德	18	550	65	75	65	755	2000		200	2200
阿拉坦白拉	20	620	72	78	70	840	2700		300	3000
格百	30	730	120	130	200	1180	4300		200	4500

*表格由笔者依据调查数据制作。

如表2－4所示，在该嘎查主要养羊户的养羊业总投资中，买饲料的比重较大，因为近几年干旱，草料供应不足，为了羊安全过冬，养羊户必须储备充足的饲料。饲料种类主要是青干草等青绿饲料和玉米等精饲料。在主要产出项目中销售产品所占的比重较大。养羊生产的总产值即养羊生产总收入，包括销售产品收入（毛、绒、肉、皮），自食、自用产品收入，出售肉羊种羊收入，淘汰死亡羊只收入，羊群存栏折价收入等。宝楞嘎查养羊产业的净产值（总产值减去养羊人工费用、草料消耗费用、医疗费等）大大超过了农业产值，畜牧业逐渐成为主要支柱性产业，出现以农养牧的新局面。

四 疾病与防治

据该嘎查有多年经验的老兽医七十六（毛道苏木兽医站的退休干部）介绍，宝楞嘎查的草食家畜的常见病有口蹄疫、萨呼、高日、哈木等。

（一） 牛的常见病与防治

（1）口蹄疫及预防。口蹄疫蒙古语叫"希鲁海"病。这种病是偶蹄兽的急性发热和高度接触性传染病。据当地村民讲，口蹄疫隔十几年发生一次，有时两年连续发生。感染病毒后潜伏期一般为6~8天，症状表现为病牛食欲不振、精神沉郁、体温升高、闭口、流涎、行动懒散，口腔黏膜和蹄部、乳房皮肤发生水泡和烂斑。该病传播快，发病率高，不仅在偶蹄兽间传播，也可使人感染发病。当地村民土法治疗是给病牛灌绿豆水，这样可以清热解毒，9~12天左右逐渐痊愈。预防措施有定期进行预防接种，坚持严格消毒，一旦发现疫情，立即封锁、隔离、检疫消毒。

（2）萨呼病。一般在农历三四月间发生，三四岁瘦弱的牛易得此病，但死亡率低。症状是牛下腭脖子部位发肿，鼻子流脓水，土法治疗是用针或小刀子，由外边穿刺放血，流出坏血后可治好，一般穿刺牛的两条大腿内侧的血管。这种治疗方法当地人叫"哈纳呼"。一般过20多天就可痊愈。这种方法也治疗患"地鲁"病（脾病）的牛。穿刺牛的脾的两端，放血。

（二）羊的常见病与防治

（1）"高日"病。夏天瘦弱的羊，脊背上的皮往往破裂，而且化脓生蛆。原因是羊被虫子咬后局部发炎，羊皮子底下的寄生虫也就破皮而出，这时苍蝇落在上面，就要化脓生蛆。土法治疗：在患处涂大麻子油，过15～20天痊愈。

（2）口蹄疫。也是一种烈性病，但死亡率不高。病状是发高热，口不断流液，重者不能吃草，日益消瘦，气候越热病状越重。当地村民每年给羊吃碱所以很少患此类病。土法治疗：灌绿豆水或用烟熏牲畜。

（3）"哈木"病（癣疥）。最初由皮薄的部分开始发痒、掉毛，最后局部发硬而裂开出血，治法用药水洗涤外患处，涂大麻子油。

（4）羔羊痢疾病。初生羔羊的一种畸形毒血症，其特征是剧烈腹泻和小肠形成溃疡。常可使羔羊大批死亡，给养羊业带来重大损失。发病初期，羔羊精神不振，弓背，不吃奶，不久则腹泻，有的稠如面糊，有的稀薄如水，后躯常被粪便污染。发病后期，有的排带血稀便，若不及时治疗，常1～2天内死亡，少数病例，可能自愈。防治方法主要是加强母羊的管理，使之膘肥体壮、产壮羔。要备足越冬草料，使产后母羊营养充足，羔羊能吃到足够的母乳。在产羔季节前，应对栏圈进行一次清理消毒工作，产前、产后和接产中都要注意清洁卫生，特别是母体、乳房和用具的清洁卫生，栏圈内要保持干燥和温暖。

五 典型个案

以调查采访布仁白拉家为例略为详细考察宝楞嘎查农民的畜牧经济状况。选择布仁白拉家作为考察对象,是因为该嘎查的生计为农业和畜牧业兼营,而非依靠运输业和进城打工等"副业"的补贴来维持的。随着农业收入的减少,畜牧业在该家的生计中所占的比率越来越重要了。2006年,他们家总收入7000元,其中粮食作物收入3000元,畜牧经营收入4000元。因此,可以说是宝楞嘎查半农半牧经济中的畜牧经营的"典型"例子。

布仁白拉家一共4口人。两个儿子分别在鲁北镇蒙古族第一中学和蒙古族第二中学读书,每年的学费不少。近几年农业收入下降,全家每年的生产支出和消费支出大部分依靠畜牧经营收入为主。

表2-5 2006~2007年度布仁白拉、彩云家养羊数收支状况表*

单位:只

项 目	数量	内 容
年度初总数	25	可能繁殖的母羊10只,其他15只
支出合计	6	—
自家消费	1	—
出 售	3	—
死 亡	2	—
收入合计	7	—
增殖羔羊	7	—
年度末总收	26	可能繁殖的母羊11只,其他15只

*表格由笔者根据调查数据制作。

表 2-6 2006~2007 年度布仁白拉、彩云家养牛数收支状况表*

单位：头

项目	数量	内容
年度初总数	6	可能繁殖的母牛 4 头，其他 2 头
支出合计	1	—
自家消费	0	—
出　售	0	—
死　亡	1	—
收入合计	2	—
增殖牛犊	2	—
年度末总收	7	可能繁殖的母牛 5 头，其他 2 头

* 表格由笔者根据调查数据制作。

据布仁白拉分析，影响家畜头数持续增长的因素，主要为死亡率、成活率等方面。2006 年，他家死了 2 只母羊，1 头母牛（见表 2-5、表 2-6）。生活当中遇到急需钱时才出售家畜，出售的大多是羊，一般情况下不出售牛。2006 年为了解决孩子的学费问题出售了 3 只羊。一般来说，雄性个体在越冬前视其身体状况决定是否处理，而雌性个体则除了明显不能繁殖的以外，即使是身体衰竭的也都尽量使其越冬。处理体弱的牛有两种方法，屠宰和出售。

再一个就是提高成活率。雌性个体一般满 1 岁以上时就有怀孕的可能，不过未经产的母羊或母牛怀孕率要低。即使经产的个体，也有怀孕失败的时候，当地蒙古语里叫"苏白"。布仁白拉、彩云家的家畜成活率，即羊群出产的羔羊与实际成活的羔羊的比率，2006 年的羊的成活率为 2∶7，牛的成活率为 1∶2。

布仁白拉、彩云家饲养家畜的方法是放牧与补饲料结合饲养。为了节省饲养成本，布仁白拉夫妻两个轮流放牧。夏季5、6月卖羊绒平均每年的收入大约为1200元。但支出每年羊羔的医药费、母羊缺奶时的奶粉费等诸多费用之后所剩无几。他家养牛就为了满足自家蒙古族传统饮食——奶食品的需求。布仁白拉家每天早餐都是炒米加牛奶，这是他们家必不可少的。剩余的牛奶做奶豆腐、奶酪等奶制品，这些奶制品都是满足自食所需，一般情况下不卖。每年很少卖牛，如果雄性个体的头数增加，会偶尔卖一些雄性个体，很少卖雌性个体，无法过冬的或年龄过老的也卖掉。每年夏季统一放牧村子里的牛，放牧费每头牛70多元，共500元左右。

布仁白拉说："我家的牲畜数量并不多，但这种农牧兼营的经营方式，比只依靠农业收入维持生活的方式好处多，对农业有很好的补助作用。畜牧业解决了我家在农业收入日益减少的情况下暂时的经济困难。"

第三节　商业

据该嘎查兼营杂货店和理发店的邓福莱（村民邓才的二女儿）介绍，宝楞嘎查现有4家杂货店、1家小吃店、2家理发店，是20世纪90年代我国经济体制改革深化的产物。

杂货店、小吃店、理发店都是用自家的房子作铺面，同时兼营其他东西。杂货店最畅销的商品是酒、烟、茶、盐、酱油、醋以及饮料和食品等日常用品。卖的酒是村里一家酒厂自己酿的酒和价格低于10元钱的酒，而烟主要是价格低于5元钱的低档烟。高档烟酒在宝楞嘎查销路不好。杂货店的规模都不大，4家中王子学和宏伟家开的店规模稍大些。据"王子学商店"的经营者王子学介绍，他的店平时的营业收入每天只有100多元，过年过节好的时候200~300元。毛道苏木被合并到鲁北镇以前，他的杂货店与苏木政府机关比较近，每天人来人往，效益不错。苏木政府搬迁后，他的店的效益急剧下降，每天的收益只能勉强维持自己家的日常消费。由于他家同时经营水泥砖厂和养羊，所以杂货店效益的好坏对整个家庭的经济收入影响不大。

图2-1 王子学经营的杂货店

嘎查里的小吃店店主叫张那顺，他儿子在镇里接受厨师技术培训后回村开了小吃店。大约40平方米的小屋子里摆上几张小桌子，小吃店由他的儿子专门管理兼厨师，以农家小炒为主，冬天自己生炉子，卫生方面较好，但村子里顾客偏少，偶尔有当地人来吃饭，是为了与亲戚朋友聚会。小吃店不能举办结婚典礼等大型宴会，因此利润远远赶不上城里经营的一般小店。

开理发店的有邓福莱和扎拉嘎呼两家。邓福莱的理发店和杂货店同时经营，1993~1994年在鲁北镇接受专业培训后，用自己家的房子作铺面，购买设备设置理发室，常年经营。每年收入5000~6000元，是该嘎查技术最好、设备最齐全的一家。扎拉嘎呼家的理发店，说是理发店实际上没有固定的地点，农闲时有顾客来便随时随地理发。由于设备条件限制，理发以男性顾客为主，理一次3元。年轻人或上班族都去镇里理发，嘎查理发店的主要顾客是小孩儿、中年人和老年人，大约每个月理一次，有的人理发间隔期更长。

图 2-2 邓福莱及其经营的理发店

据经营者讲述，这几家店铺面临的困难主要有两方面。一方面，主要消费群是村里普通老百姓，近几年连年干旱，农民农业收入下降，消费水平也急剧下降，大多数村民赊账消费，所以资金周转不开，总利润远远不如镇里的小店。另一方面，店铺和农业、牧业、其他家庭副业同时经营，所以投入资金很少,规模也不大,农忙时很难维持。据邓福莱说,2002年她家开始经营杂货店,主要是日常副食品,自己从镇里进货。苏木和镇合并后,中学生都去镇里住宿上学,所以平时夫妻两个轮流照看杂货店,无法专心投入到杂货店,没有精力扩大规模。

图 2-3 邓福莱经营的杂货店

第四节 养殖业及运输业

一 养殖业

据嘎查主任的介绍,宝楞嘎查为了发展经济,拓宽农牧民经济来源,在大力发展农业的同时,鼓励和帮助村民开办一些农村养殖业。

据白乙拉书记介绍,计划经济时期宝楞嘎查有一家砖窑厂,据说当时效益不错,为全苏木老百姓的建房提供了可靠的材料。但改革开放实行个体承包后由于资金和材料等原因砖窑厂倒闭,设备不知去向。砖窑厂就地取料破坏了嘎查北侧的生态环境。从那之后,该嘎查未出现过一个企业。农业和畜牧业在该嘎查整个产业结构中占主要地位。2005年4月,宝楞嘎查历史上第一家私营企业,即扎鲁特旗皓月育肥牛养殖基地成立。厂长是该嘎查农民李浩亮。养殖基地主要养殖西门达尔肉牛,并兼营酒厂。养殖厂占地面积30亩左右,每年投入资金200万元,肉牛共100多头,收入大约300万元。职工25名,专业技工3名,雇工大部分是该嘎查农民。养殖厂配置专业兽医,接受定期培训。产品销售依靠网络联系和自己运输等渠道,主要销往通辽市科尔沁,一部分销往黑龙江等地。厂长李浩亮说,建厂以来村委会对养殖厂特别支持,不但提供政策上的优惠还提供嘎查的30亩用地。该厂址以前是苏木供销社的院子,石头外墙,十分适合养牛。李厂长对现在的效益很不满意,2008年的发展目标是利用现在的厂址后面的5亩地建牛圈,扩大生产规模。这也需要村委会的大力支持。

图2-4　厂长李浩亮

第二章 经济

酒厂主要为辅助养殖厂。李厂长认为,以酒养牛,一举两得。宝楞嘎查老百姓都很喜欢喝该厂产的"石头酒"。这种酒以粮食为原料,不是酒精勾兑,价格便宜,味道合口,是本嘎查老百姓过年过节饮用的理想选择。邻近嘎查的村民也经常来购买或大量批发。因此,为养牛厂积累了辅助资金。

扎鲁特旗皓月育肥牛养殖基地是扎鲁特旗最大的养牛厂,带动了宝楞嘎查经济,为本嘎查农牧民提供了就业机会。养殖厂销售肉牛时还代售嘎查农牧民的黄牛,这样嘎查的黄牛也有了销售渠道。

图 2-5 养牛棚

图 2-6 酿酒工具

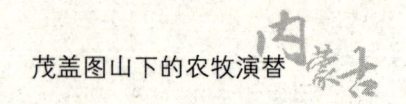

二 运输业

据村委会主任额尔敦毕力格介绍,在市场经济的潮流中,宝楞嘎查村民不断尝试各种经济活动。跑运输,是最实惠的经济活动之一。宝楞嘎查与鲁北镇距离20公里,1976年开通了柏油马路,交通很方便。2006年,毛道苏木被合并到鲁北镇,该嘎查也隶属于鲁北镇,之后本嘎查村民与镇里的来往越来越密切和频繁。一些农民购买小型三轮车作为主要交通工具,在城乡之间运输货物或来往人员,从中获得经济利润。运输的货物主要有日常用品、水果、蔬菜等。秋天主要运输村民外出销售的粮食,运一次80～90元不等。一年收入大约12000元。他们属于运输专业户,一年四季的经济来源主要以运输为主。

图 2-7 304 国道

宝楞嘎查还有一些村民利用农闲时期跑运输,他们属于临时运输,以打工为主。2007年4月,鲁北至霍林河的

304国道开始修建，这给宝楞嘎查村民提供了跑运输获经济利益的好机会。村民驾驶自家四轮车拉土、运石。据当时跑运输的巴图吉日嘎拉说他一个月收入能达到1200元左右。还有常年在外地跑运输的村民。据村民包斯日古楞说，2005年，驾驶自家四轮车到格日朝鲁苏木他二哥家，跟二哥一起上山采石、运石，到各村户卖石，收入非常可观，短短3个月挣了6000元钱，但后来因家里出事，未能继续。

除了到外地跑运输外，在宝楞嘎查本地也有不少工作机会，主要是春耕时（四五月）帮助别人耕地，出农业机械，一天可以赚60~70元。秋收时（九十月）帮助别人运输农作物，一天的价格100~200元不等。地少的农户，都愿意搞运输，不愿种地。

第五节 外出务工

一 务工去向及职业

宝楞嘎查外出打工人员有20人左右，年龄一般在20岁左右，大多数是初中、高中文化程度。务工去向以鲁北镇、通辽、呼和浩特等内蒙古自治区城市为主。主要是通过亲戚朋友介绍或带出去的，多从事饭店服务员、理发店学徒、杂工等工作。外出打工的大部分是年轻女子，她们家里穷，无法继续读书，一开始到城市的目的是看望亲戚，被亲戚介绍工作或受亲戚的委托伺候亲戚家的老人或小孩子，即当保姆。她们通过几年的城市生活，适应了那里的环境，便萌生了继续留在城市生活的念头，想方设法留在城市。为实现这个梦想，甚至在低级的、工作条件简陋的环境里工作。包吃包住每月 600~700 元，除去生活费用所剩无几。有的法律意识淡薄，从老板那里一分钱的工资也拿不着。有些头脑灵活能干的打工者，经过几年的辛苦努力，积累资金和经验后，自己单独开商店或其他店铺，在城里安家落户。有些年轻男女，打工期间相互认识，结为夫妻共同打工，养家糊口。宝楞嘎查外出打工的 20 多个男女青年都没再回到本嘎查。

外出做生意的有 5~6 人，包括卖掉自己家的地和家畜到外地做生意的村民、入伍转业后留在外地做生意的村民。他们目前的经济状况都很不错，已经落户到外省市。

二　典型个案

巴图吉日嘎拉家，一家四口，夫妻俩，还有两个女儿。大女儿高中毕业后在呼和浩特一家美容院打工，小女儿在鲁北镇蒙古族第一中学读书。2007 年 3 月到次年 1 月期间，夫妻俩把耕地留给弟弟孟克后，通过朋友的介绍，去乌海市修路工程队打工，每年有 2 万~3 万元的可观收入。他们说虽然在外打工辛苦，但比起在家靠天吃饭，收获挺多。2008 年春天他们也准备出去打工，尝到了农业不景气的时候外出打工挣钱的甜头。采访期间很多村民也表露出打算外出打工的意向。

第六节　生产关系

一　雇工

据村委会副主任双武介绍，宝楞嘎查外来务工者有 20 多名。年龄为 40~50 岁，多数是单身男性，主要来自于邻近汉族集中的村落，为该嘎查人放羊或者给个体户打临时工。每月平均工资 500 元，放羊一年收入 800~1000 元，生活费用自理。他们在该村有房子有家畜，与村民的关系融洽，有的已在村里上了户口，有些虽然没上户口，但与该嘎查村民的关系融洽，也算宝楞嘎查的一员了。被雇用者首先在该村找一个经济担保人共签雇用合同。雇用期间遇到经济纠纷，被雇用者不在时，雇主按照合同追究担保人责任。

建村以来，宝楞嘎查农牧民之间的关系团结互助、质朴融洽。改革开放以后，在市场经济的冲击下，村民之间的生产关系逐渐有了变化。主要体现在雇佣关系方面。以前宝楞嘎查村民之间没有"雇用"这个概念，谁家有困难或需要帮助时，邻居、亲朋好友自愿过来帮忙，如盖新房、修缮房屋、春耕秋收时都自愿帮忙。村民间形成一种这次你家有事其他人来帮忙，下次别人家需要帮忙时你也去帮别人的轮流互帮的关系。尽管这种优良传统宝楞嘎查依然保留着，但现在在市场经济的潮流中逐渐出现了新的生产关系——雇佣关系。这种关系主要体现在春耕和秋收时期。有些地少或有多余劳动力的村民帮别人打工，春耕时帮助别人耕地，主要是出租农业机械，一天可以赚 80~90 元；帮别人家除草锄地，一天的价格是 30~40 元不等。到了秋收时帮别人割地，割地的价格与锄地的价格差不多。打工虽然很辛苦，但所得的收入与自己经营土地的收入相比，不相上下，而且还省心，许多地少的农民因此都愿意打工而不愿自己种地。

在宝楞嘎查调查期间，我们发现该嘎查的土地租赁现象较为普遍。租赁程序是村民之间单独订合同，租赁期限为一年，每亩地一年租金 40 元，每年春耕前一次性交付。把土地出租给别人家的原因为：第一，户主多病缠身，丧失劳动能力，靠土地租金维持生活；第二，经营其他经济活动，如养殖业、餐饮、杂货店、跑运输、打工等副业，无时间经营农业。尼日布家夫妻俩患病多年无法经营土地，24亩地全部出租给别人，每亩地年租金为40元。吴双宝家全年跑运输和做短期帮工，每年收入为15500元，自家的30亩土地全部出租给别人。租赁别人土地的原因为：第一，租赁者主要是外来户，他们租赁别人家土地来弥补自家土地短缺的状况。第二，对劳动力充足、农业机械齐全、勤劳能干的家庭来说，自家的土地远远满足不了他们的生产需求。他们要想增加自家的经济收入只能租赁更多的土地。韩金海是外来户，在宝楞嘎查没有自己的土地，只靠他妻子和女儿的土地很难维持生活，他家每年租赁土地达到30亩。图门乌力吉家农业机械较全，经济基础较厚，夫妻俩勤劳能干，他家每年租赁土地达到50亩，每年粮食作物收入2万元左右。

典型个案：我们采访该嘎查养殖厂厂长李浩亮时了解到，他们养殖厂于2005年开业，养殖西门达尔肉牛的同时，兼营酿酒厂。职工20多名。每人一个月包吃包住800~1000元。雇工的种类有：运输工，主要从事运输肉牛到当地或外地销售和搬运饲料等工作。专业技工，专门从事肉牛的日常饲养技术和酿酒厂与养殖厂之间的有机结合等技术性较强的方案的制订或实施工作，肉牛的质量和产量与专业技术人员有密切关系。专业技术人员都是在通辽市专业技术学校培训过的专业人才，他们的工资每月3000~4000元。厂内有小型的实验室和住所，比起其他职工，他们享受优越的待遇。兽医，也是专业学校毕业的本科生，每年去镇里或通辽市接受专业培训。养牛劳工、酿酒劳工、清洁工在厂内也有住处和食堂。职工来源为从外地聘请

第二章 经济

的专业人员，帮工或体力劳动工主要来自于本嘎查和附近嘎查。雇主和被雇用者之间形成一种和谐互助的关系。每当节假日时按国家法定假日的规定放假并给职工发放各种福利。工资每月按期发放，无拖欠工资情况。我们到厂里采访时厂长主动接受我们的采访，并领着我们在厂内参观调查。职工都热火朝天地忙于各自的工作，休息时间采访时员工们对厂里的工资待遇和工作环境十分满意。

图 2-8 养殖厂职工正在工作

图 2-9 养殖厂一角

二　借贷关系

私人借款　我们从采访中了解到，很多村民认为私人借款的出现是宝楞嘎查村民贫富分化的结果。长期以来早已存在借贷关系。近几年的连续干旱，农业收入下降，村民遇到办婚事、农牧业支出、生病、教育支出比较集中的时候，往往首先到信用社借贷款。由于信用社已经搬到镇里，村民很难借到款，于是用向亲戚朋友借款的方式来解决。亲戚朋友借款一般没有利息，自己有钱时赶快还清。有些有钱的村民，借此机会放高利贷，获取更多的利润。有些村民每年只能还利息钱，不能还清本金，所以年年过背债的生活。村民马吉日嘎拉说，他已经五六年未能还清高利贷，年年还利息也很困难。每天追债人不断，压力很大，来年收成好的话赶紧还上，过消停的生活。

借款最多的季节为春季和冬季。春季为农耕季节。村民的主要支出在于春耕时期和冬季过年时期。以包斯日古楞家为例，他家每年春耕生产支出为：种子2000元、化肥3000元、农药200元、燃油300元。冬季过年时各种答礼增多，结婚、过满月、搬新家、丧事等红白喜事多，加上一年的各种生活消费支出6000元，一共11500元左右，但他家一年的经济收入主要是粮食作物的3000元。收入与支出有强烈的反差。支出与收入之间的差额都由借贷来支撑。2004年他家从别人家借了20000元，当时利息为2‰，到2007年为止他只还了本金，几年利息也累计近2万元。借款时不是直系亲戚或最好的朋友，不愿意借钱，所以最便利的方法就是借高利贷。私人借款的程序：首先向被借贷者申请，同村人一般不要求担保人。然后双方必须签借贷协议。协议上明确写清还款具体日期和利息额数以及无力退还时以房屋、牲畜等实物作抵押，抵押物按照当时市场统一的出售价格标准来折算。偿还办法：借贷者按协议的规定每年秋季连本带息偿还。偿还不了只还利息也可，最后无力偿还便强行牵走借贷者家的牲畜。但放高利贷是国家禁止的行为，因此放高利贷者一般不轻易采取强制措施，由双方共同协商来解决。

借贷东西 借贷东西的范畴很广。据嘎查妇联主任萨仁格日勒介绍，除了借贷日常生活用具外该嘎查也有几种特殊借贷内容，如借粮食：人口多、家庭经济情况较差的家庭，到了春季自家食用的粮食严重缺乏时从左邻右舍借粮食。到了秋收时一般借什么还什么，等量退还，但有时为了表达感谢之情还给被借家多几斤粮食或按市场价格用现金折算后也多点付还。借家具：借家具的情况一般是在家里儿子娶媳妇时才出现。男女双方达成协议之后，女方家看男方家。这时男方家为了给女方家留下好的印象，会从左邻右舍临时借贷组合家具或一些家电，摆出一副阔气的样子。村民讲，这种现象20世纪90年代以前普遍存在，这也不是欺骗对方，当时双方互知，但图个吉利，谁也不责怪谁。现在随着村民生活水平的逐步提高，这种借贷家具的特殊现象也逐渐消失。

第三章 政治

第一节 党团组织

一 党支部组织

宝楞嘎查党支部由19位党员组成。其年龄结构：25岁以下党员无，26~35岁党员1名，36~45岁党员6名，46~60岁党员11名，61岁以上党员1名。其中小学学历者3名，初中学历者8名，中专（高中、中师、技校）学历者6名，大专学历者2名，本科以上学历者无。不能参加组织活动的4名，占21%，流动党员无，常年外出不归的党员无，新中国成立前入党的无（见表3-1）。

宝楞嘎查党支部入党积极分子花名册及新中国成立后历任党支部书记名单见表3-2、表3-3。

表3-1 宝楞嘎查党支部党员花名册*

姓 名	性别	民族	学历	入党时间	党内职务
白乙拉	男	蒙	高中	1998年10月	支部书记
胡格吉乐图	男	蒙	大专	1997年4月	支部副书记
额尔敦毕力格	男	蒙	高中	1998年10月	支部委员
彩云	女	蒙	高中	2000年5月	支部委员
天仓	男	蒙	初中	1995年9月	无

续表

姓名	性别	民族	学历	入党时间	党内职务
宝柱	男	蒙	初中	1998年10月	无
达胡巴雅尔	男	蒙	小学	1982年6月	无
巴图	男	蒙	小学	1996年6月	无
宝山	男	蒙	初中	1994年8月	无
阿力坦胡乙嘎	男	蒙	初中	1995年2月	无
马巴特尔	男	蒙	中专	1999年7月	无
图门乌力吉	男	蒙	初中	2002年5月	无
孟力吉日嘎拉	男	蒙	高中	2003年7月	无
高金山	男	蒙	初中	2002年7月	无
双武	男	蒙	初中	2007年4月	无
呼春	男	蒙	初中	1996年4月	无
刘国伟	男	汉	大专	1992年5月	无
锁林	男	蒙	中专	1986年5月	无
格桑布	男	蒙	小学	1987年5月	无

* 表格来源于嘎查档案。

表3-2 宝楞嘎查党支部入党积极分子花名册*

姓名	性别	民族	学历	申请年份
萨仁格日勒	女	蒙	高中	2007
马吉日嘎拉	男	蒙	初中	2007
许鹏飞	男	汉	高中	2007
布仁巴图	男	蒙	高中	2007
邦达	男	蒙	初中	2007
苏雅拉图	男	蒙	高中	2007
满都拉	男	蒙	初中	2007

* 表格来源于嘎查档案。

表 3-3　宝楞嘎查历任党支部书记名单（2007 年）*

历　任	党支部书记	性别	任　期
第一任	乌日套格套	男	1948~1960 年
第二任	老布桑	男	1961~1987 年
第三任	巴图	男	1987~1990 年
第四任	达胡巴雅尔	男	1991~2001 年
第五任	白乙拉	男	2001~2010 年

* 表格来源于嘎查档案。

据嘎查党支部书记白乙拉介绍，党组织一季度安排一次活动。主要内容为学习《党章》、政策、重要文件；探讨研究有关本村经济建设问题；带领和宣传年轻一代让他们逐渐靠拢党组织等。党支部书记白乙拉认为，当前宝楞嘎查党员干部面临的最大问题是带领群众致富问题。因为本村地少、草场少，加上近几年连续干旱少雨，村民经济收入和生活水平急剧下降。针对这些实际情况党员干部带领全村群众植树造林 1600 亩，基本上控制了村东、村西两片沙化地带。2005 年，该嘎查被评为毛道苏木治沙造林模范嘎查。

2007 年 3 月，《鲁北镇 2007 年党建工作要点》的全鲁北镇党的组织工作坚持以马克思列宁主义、毛泽东思想、邓小平理论和"三个代表"重要思想为指导，以科学发展观为统领，按照加强党的执政能力建设和先进性的要求，围绕全镇经济建设发展工作大局，以"迎接党的十七大胜利召开和学习贯彻十七大精神"为主线，以巩固和发展先进性教育活动成果、深化和拓展"三级联创"活动为重点的有关通知要求，宝楞嘎查党委会认真做了以下工作计划。

（1）以完善和落实先进性长效机制为抓手，突出抓好党建工作责任制的落实。

（2）深化和拓展"三级联创"活动，切实抓好嘎查党组织建设。继续开展"双链双推"、"无职党内岗定责"和"四培四带"载体活动。加大争创"五个好"示范党组织、优秀涉农群众满意站所工作力度、全面推行"支部＋协会"、"党支部＋调解庭"、"嘎查党组织＋民营企业"等村级党组织设置新模式。

（3）以教育管理为重点，全面加强党员队伍建设。在发挥党员先锋作用方面，要继续推行"党员承诺制"、"一岗双责"、"党员联系和服务群众"等有效载体，组织广大共产党员积极带头参加结对帮扶和各种社会公益活动，努力构建党员联系和服务群众网络。在加强党员组织管理方面，对流动党员进行摸底登记，做好流动党员证的发放工作。要切实做好发展党员工作，有针对性地解决嘎查发展党员难、年轻党员少等突出问题。

（4）继续抓好领导班子的配备调整。按照干部队伍"四化"方针和德才兼备原则，真正把重视党建工作、有事业心和政治责任感、懂经济和善开拓的优秀人才选拔到党支部书记岗位上来。加大年轻干部、少数民族干部、妇女干部、非党干部培养、选拔和实践锻炼的力度，进一步改进和完善领导班子结构。

（5）进一步加强干部教育培训工作。为了响应和落实鲁北镇关于继续抓好大规模培训干部、大幅度提高干部素质的任务，宝楞嘎查以政治理论培训为重点，全面加强干部队伍的业务知识、文化素质和技能训练。适时组织党员参加"干部理论政策培训班"、"新农村建设专题培训班"和嘎查党支部书记（主任）培训班。

宝楞嘎查 2007 年发展党员计划：

（1）发展党员指导思想：以马克思列宁主义、毛泽东思想、邓小平理论和"三个代表"重要思想为指导，以"有目标，保证质量及重视改革发展"为目标，在开展党的先进性活动的前提下发展新党员工作。

（2）发展新党员的基本要求：在新农村建设的实践中党员要提高执政能力，以《党章》严格要求自己，认真学习"三个代表"重要思想，充分发挥新党员的积极性，鼓励少数民族男女青年申请加入中国共产党。

（3）加强发展党员的工作，党组织抓好党建工作，学习科学知识，发扬党的先锋作用，认真抓好扩大党组织队伍工作。

2007 年宝楞嘎查学习新农村建设活动的情况见表 3-4。

表 3-4　2007 年宝楞嘎查学习新农村建设活动的时间表

时　间	学习内容
2007 年 1 月 11～16 日	学习《党章》
2007 年 1 月 16～19 日	学习社会主义新农村建设理论
2007 年 1 月 19～22 日	学习共产党员先进性教育文件
2007 年 1 月 22～26 日	学习市、镇领导讲话
2007 年 1 月 26～29 日	学习农村牧区干部手册及科教普及理论

资料来源：嘎查档案。

学习新农村牧区建设的个人学习记录

学习人：常茂

2007 年 1 月 11～16 日，按照鲁北镇党委的文件精神，我们学习了《党章》。主要内容：中国共产党是中国工人阶级的先锋,又是中国人民和中华民族的先锋。中国共产党的最终目标是实现共产主义。中国共产党以马克思列宁主义、毛泽东思想、邓小平理论和"三个代表"重要思想为实践的指南。满18周岁的工人、军人、知识分子和其他社会各阶层都可以加入中国共产党,及时交党费。农村各级机关、学校、科学研究院、街道办事处、部队及其他基层组织中如果有三名以上党员,就必须建立基层党组织。

2007年1月16~19日,学习社会主义新农村建设理论。主要内容:在强国富民的政策和农业基本建设的基础上,创造农村的稳定局面,全力做好"三农"工作,树立科学发展观,全身心投入到社会主义现代化建设当中。全面做好农村牧区各项工作,实现新农村建设的基本要求,尽快增长农牧民的收入,奖励农村市场,发展和加快农业和畜牧业生产,这些是基层党组织面临的艰巨任务。

2007年1月19~22日,学习党的先进性教育重要文件。主要内容:党的干部是党的事业的主力军,人民的好公仆。以道德与能力全面发展的原则,选拔干部,使用人才,实现干部队伍全面化和年轻化。全面实现小康社会,建设中国特色的社会主义,必须首先全面贯彻"三个代表"重要思想和党的"十六大"精神,树立以人为本、可持续发展的和谐发展观。

2007年1月22~26日,扎鲁特旗党委书记孙志云同志在扎鲁特旗第十届党代会上发表了号召大家学习和发扬党的"十六大"精神和通辽市第三届党代会的精神,发展经济,树立科学发展观,创造和谐富裕的新旗的重要讲话。

(资料来源:村民常茂的日记)

图 3-1 嘎查东部的植树造林状况

图 3-2 嘎查西部的植树造林状况

二 共青团组织

据该嘎查团支部书记孟克的介绍，1980~1990年之间，该嘎查的共青团组织开展了丰富多彩的活动。当时的团支部书记是赛音乌力吉。宣传委员为哈斯格日勒，主要负责订购报纸杂志和组织团员排练节目等文化活动。组织委员为萨仁格日勒，主要负责培养新团员及组织团员学习党的政策方针等工作。当时该嘎查团组织有统一的组织机构和统一的活动室。在团支部的组织下全村20多名能歌善舞的共青团员组成小型乌兰牧骑文艺表演队，每晚在嘎查共青团活动室自排节目、自演自练、自己演奏、自筹经费。农闲时，共青团召集村里男女老少进行公开表演，丰富村民的文化生活。自己村里演完后，在临近嘎查免费巡回演出，互赠纪念品。苏木政府以及嘎查领导很重视共青团文化生活，在共青团的组织下，在村委会专门设图书室，订购《大众电影》、《花的原野》、《内蒙古青年》等杂志，给广大村民阅读。

采访原团支部书记萨仁格日勒时，她给我们看了厚厚的共青团工作日记本。当时她担任嘎查共青团组织委员职务时，不但上级部门很重视共青团工作，而且各团干部也积极投入到各自的工作当中。

在20世纪80年代至90年代，该村共青团组织委员萨仁格日勒的部分会议记录如下。

1985年10月2日，参加内蒙古自治区妇女代表大会的人员首先在旗里报到，在通辽住两天，10月5日晚7点到呼和浩特。在军分区招待所206房间住宿。

1985年10月7日，内蒙古自治区第五届妇女代表大会正式开幕。乌云其木格主持会议。上午乌云其木格作工作报告。

1986年10月26日毛道苏木各嘎查的整顿党风骨干分子的会议开始报名。1986年10月27~29日开了三天的会议。苏木党委书记格书记主持会议。那书记在会上作了动员演讲。从旗里来的领导张那仁作了发言。学习了包白雅尔同志的重要讲话。

1987年3月2~5日，毛道苏木两级干部会议在苏木会议室举行。会议主要内容为:学习党中央5号文件和哲里木盟书记阿书记的重要讲话。另外会上也强调给毛道苏木通电的事宜及奖励先进集体和个人。宝楞嘎查被奖励的个人为许才。

1991年3月8日,为庆祝国际妇女节,宝楞嘎查召开妇女代表大会,会上共38名妇女参加。嘎查党委会也大力支持本次会议并进行指导。会上还奖励了努恩吉雅、包晓、萨仁格日勒等工作当中贡献突出的同志。

从工作日记我们可以看出20世纪80年代到90年代的宝楞嘎查的共青团工作如火如荼进行的足迹。1990年之后,随着老一代团干部的陆续离职,宝楞嘎查共青团组织逐渐松散起来,各种活动随之减少。现任团支部书记孟克说,现在共青团组织没有开展什么活动。

第二节 行政组织

根据调查材料,我们将2007年宝楞嘎查领导班子成员的基本情况制作成表3-5。

表3-5 2007年宝楞嘎查领导班子花名册[*]

职务	姓名	性别	出生年月	学历	入党时间	参加工作时间
村党支部书记	白乙拉	男	1956年11月	高中	1998年8月	1986年5月
村党支部副书记	胡格吉乐图	男	1970年5月	大专	1997年4月	1999年8月
村委会主任	额尔敦毕力格	男	1961年7月	高中	1998年10月	1999年8月
村委会副主任	双武	男	1966年3月	初中	2007年7月	2000年5月
村委会委员	萨仁格日勒	女	1962年11月	初中	—	2000年5月

[*] 嘎查档案。

村委会主任：额尔敦毕力格

村委会副主任：双武（分管社会治安、土地草场）

村委会委员：萨仁格日勒（妇联主任）、特古斯吉日嘎拉（会计）、彩云（计生主任）

据村委会主任额尔敦毕力格介绍，各委员在村民大会上参加民主选举。选举得票率达到60%以上者才有资格当选。村委员会选举大会每隔3年召开一次，改选村委员会各领导。选举时，参加选举人数占总人口数70%以上就可以进行选举，通过率在50%以上候选人就可以当选。每次选举时村委员会严格执行公平公正原则，严厉制止请客送礼、拉选票等不正之风。选举期间原村委员会成员不得操办宴席或聚会，以此避免拉选票事件的发生。现任村委会主任额尔敦毕力格是全扎鲁特旗唯一连续三次当选村委会主任的人。村委会干部和群众之间的关系良好，群众中无一上访告状者。这与村干部服务意识提高密不可分。在村委会大会上，每个成年村民都拥有公开发表意见的权利。村党支部对嘎查委员会拥有监督权利。党支部如果不同意村委会通过的有关本嘎查的重大事件，可以向上级作汇报，以获得重新讨论或修改甚至撤销的承诺与批示。

关于村民对村委员会的监督，原则上每个村民都拥有对村委会的监督权利。但是，受制于文化程度和现代意识，不少人不关心村委会的有些决策与决议。

村民之间发生纠纷和冲突时主要由嘎查临时组成的调解小组出面调解解决，重大事件只是通报上级有关部门予以解决。村委会副主任双武于2006年开始负责宝楞嘎查治安管理与调解工作。调解小组解决纠纷时有自己的对策和程序。比如：详细调查走访了解事件有关的各种情况；通过集体讨论，找出解决方法；听取当事人的意见；在调解过程中强调公平、公正、公开原则。

近5年来宝楞嘎查社会治安良好。2006年，通辽至霍林河的304国道开始修建，随着外来打工者的日益增加，外来人员与村民们的冲突摩擦日益增多。本嘎查村民栓柱与外来人员的冲突就是典型案例。2007年3月，村民栓柱在大通道旁边开了一家蒙古风味的小饭店，开业典礼上请了不少亲朋好友。其中有修路的老板、打工者以及村民。宴请中间本嘎查的一些年轻人和修路老板发生冲突，在村民的劝说下冲突平息。修路老板回去后对冲突一事怀恨在心，马上召集两大卡车打手来栓柱饭店乱打，打伤包括栓柱亲戚在内的4个人。此案在该嘎查调解组和鲁北镇派出所的协调下得到处理。此后再没发生过类似案件。

2007年秋天，宝楞嘎查连续发生几家商店和几个上班族家庭被盗案件。作案手法和工具都比较相似，对宝楞嘎查社会治安造成了严重影响。本嘎查调解小组立即组织人马协助派出所，为顺利侦破工作提供了宝贵的时间和证据。随后在调解小组的极力推荐下，村委员会制订了对外来户和嘎查周围打工者严格管理的政策。严格登记制度、严格执行雇用者或担保人担保制度，从根本上制止了因外来户增多而引发的各种社会不良行为。

2007年宝楞嘎查优惠政策公开扶持项目如表3-6所示。

表3-6 2007年宝楞嘎查优惠政策公开扶持项目[*]

单位：元

户主姓名	扶持项目	金额	户主姓名	扶持项目	金额
常茂	种植业	300	赛音白拉	独生子女	60
明干白拉	种植业	400	王长城	独生子女	60
玉兰	种植业	400	刘八虎	独生子女	60

续表

户主姓名	扶持项目	金额	户主姓名	扶持项目	金额
华国栋	种植业	400	乌力吉	独生子女	60
小巴德玛	种植业	400	额日顿白拉	独生子女	60
乌云毕力格	种植业	400	敖其尔	独生子女	24
徐晓明	少生快富	3000	铁宝	独生子女	24
银山	独生子女	60	九龙	独生子女	60
斯琴毕力格	独生子女	60	哈达	独生子女	60
双小	独生子女	60	布和	独生子女	60
额尔敦毕力格	独生子女	60	青玉	独生子女	60

* 嘎查档案。

第四章 社会生活

第一节 婚姻

一 择偶方式

据别德琪琪格老人讲,在新中国成立以前,宝楞嘎查普遍实行父母包办婚姻。不管子女愿不愿意,都由父母做主择偶订婚。据妇联主任萨仁格日勒介绍,随着社会的发展,人们的婚姻自主意识普遍提高,党和政府极力推行婚姻自由的政策法规,现在逐渐呈现出两种择偶方式:一种是自由恋爱、自主择偶方式;另一种是传统的做媒择偶方式。不管是自由恋爱方式,还是传统做媒择偶方式,最终都得男女方家长同意,才可以订婚,这是一个必须通过的程序。该嘎查青年择偶时多以外嘎查年轻人为首选目标。这不是奇特现象,是多年来自然形成的择偶规律。

以前,择偶的条件过于苛刻,比如过分看重家庭条件,不重视男女方感情问题等。自由恋爱方式主要在20世纪90年代初实行。随着改革开放的深入,农村男女青年的思想逐渐开放。嘎查内舞厅等娱乐设施增多,城镇与农村之间的交通和通信设施发达,嘎查内或嘎查之间的联系日益增多,这些给年轻人自由恋爱创造了有利的条件。自由恋爱以性格开朗、交往能力较好的男女年轻人为主。同学之间交往直接发展成恋爱关系的，在偶尔几次的那达慕大会上认识一见钟情的，城乡之间频繁来往过程中相互认识的，等等，各种途径都有。他们相识相爱一段时间后拜访对方的父母，商量结婚成家。最终大多数也是以传统方式结婚。

做媒式的传统择偶方式仍然是宝楞嘎查青年男女的一条主要择偶渠道。做媒择偶方式，主要以家庭落后婚姻观念浓重，从小没念过书，没出过远门，性格内向，不易与人沟通，家庭条件不富裕的青年男女为主。他们只能靠媒人在定亲之前，向女方求婚。通常由男方的父母委托媒人到女方家向其父母求婚。男方多次向女方家求亲，才能得到女方家的许诺。宝楞嘎查村民求婚也叫求媳妇。男方家看好某一女方家闺女后由男方家选一位口齿伶俐、能说会道的人作为媒人前去女方家说媒。有时男女双方家以共同的熟人作为媒人，这样更容易沟通。媒人去女方家说媒时，为图吉利所带的礼品必须是偶数份，比如：两双或四双，而不是三双或五双。

在当地，多数青年结婚年龄为女性21~23岁，男性23~25岁。该嘎查女性超过25岁，会被认为是嫁不出去的姑娘，会被另眼看待，所以女孩到20岁以后，如果辍学在家，父母便开始张罗说媒。据调查2007年结婚的6位（其中男女双方均为该村的有1对）村民的平均年龄为22岁，男性为23岁，女性为21岁（不包括在外地工作的村民）。

二 婚配条件

通过调查采访年长的妇女得知，该嘎查婚配条件与其他临近嘎查的习俗大致相同。一般情况下，女方父母答应求婚且双方达成协议之后,第一步,女方家看女婿。看女婿时,女方家邀请较有名望的亲戚,摆宴席看女婿。媒人领着女婿到女方家一起吃饭。宴席上媒人简单介绍家庭状况、女婿自身状况后,新女婿把自己家带来的礼酒打开,给女方家父母及亲戚敬酒。看女婿宴席散后,女方家把给男方家准备的鞋或布塞进男方家人的包里,同时女方家主人拿出两瓶酒(瓶颈系红绳)送给男方家表示对对方的敬意。第二步,女方家到男方家看房子。女方家人到来前,男方家需准备隆重的宴席招待女方家人。这次的双方会面主要商谈聘礼等有关事宜。聘礼是指青年男女定亲后由男方家送给女方家的礼品,又叫彩礼。聘礼的多少根据男方家的经济情况而定,但达不到女方家提出的标准会直接影响婚姻的成败。宝楞嘎查村民的彩礼以金银首饰、柜子、衣物为主。20世纪80年代至90年代该地区的彩礼种类主要集中在"三大件",即上海牌手表、永久牌自行车、蜜蜂牌缝纫机,缺一不可。20世纪90年代至21世纪初随着社会的发展,彩礼的种类和数量也大幅度增长。该嘎查开始通电后,各种电器成为彩礼的首选产品。2000年之后彩礼的形式进一步演变,现金成为最好的彩礼形式,甚至以给本嘎查姑娘在城市买楼房为结婚条件。一般情况下一次彩礼为:10000元人民币、10只羊、2头牛以及衣物等生活用品。彩礼钱的多少影响到婚姻的成败,甚至影响到一个家庭以后的经济发展。结婚时的所有费用婚后新婚夫妇全部自己承担,在沉重的外债压力下生活水平很难有新的转折、新的发展。

三 婚姻成立

调查期间采访有多年做媒和代东(主持)结婚仪式经验的婚礼代东栓柱时他给我们详细讲述了婚姻成立的主要程序。他说，宝楞嘎查村民的婚姻成立一般由6个步骤组成。

第一步，女方家同意婚事，为了把订婚之事通报给亲戚朋友便举行订婚礼。所谓订婚礼是指男方按照女方家的要求准备酒、肉、衣物和货物送到女方家，这叫"术斯"，该嘎查大多村民以一头猪的肉或半头猪的肉作"术斯"，"术斯"的大小由家庭的富裕程度而定，一般不用全羊。送"术斯"的人叫"阿日兰呼达"（意思为：最主要的亲家）。订婚礼那一天新郎及伴郎在宴席开始之前赶到女方家，女方家用给新郎准备的衣物、靴子、烟袋装扮新郎。宴席开始后伴郎倒酒，新郎敬酒。举行订婚礼一年内新郎必须两次探望岳父岳母。第一次是正月初二，第二次是七月初二。如果这两天新郎不探望岳父岳母，女方家会很不高兴，甚至会给新人以后的生活带来很多麻烦。

第二步，男女两家定亲之后，男方家一般请喇嘛或文人，选择良辰吉日，确定结婚的具体日期后让媒人通知女方家结婚。结婚宴席分女方家结婚宴席和男方家结婚宴席，男方家结婚宴席在前一天举行，一般定在奇数日；女方家结婚宴席在后一天举行，一般定在偶数日。女方家结婚宴席之前男方家必须将女方家提出的彩礼和衣物以及宴席所用的酒和肉送到女方家，这也叫"术斯"。宴席开始后新郎和伴郎给女方家人敬酒。宴席上女方家主人告知和委托亲戚朋友送亲事件和有关事项。宴席结束后村里的年轻人（主要是女性）把新郎和伴郎留住，让他们给大家唱歌或点烟，故意"为难"新郎和伴郎。所以伴郎一般要选能唱会说的未婚年轻人。

第三步，送亲，该嘎查村民很注重两个新人卯时拜天，因此女方家送亲时，细算与男方家的远近距离，再定送亲车开始出发的具体时间。送亲时一般女方家母亲跟车送亲。送亲车接近男方家时新郎、伴郎前来迎亲。结婚仪式一般在院子中间，窗户之前举行。结婚仪式台上男女双方父母及亲戚就座。结婚仪式主要有 7 项内容：①新郎新娘上台。②双方父母给新郎新娘戴花。③新郎新娘给双方父母敬礼。④新郎新娘互换礼品。⑤新郎新娘相互敬礼。⑥双方家长讲话。⑦宣布结婚仪式结束，两位新人步入洞房。两位新人步入洞房时谁先进入谁当当家的。步入洞房后为两位新人的新脸盆里倒新水、放入硬币洗脸。水里放入钱是祝两位新人以后荣华富贵、白头偕老。该嘎查有两位新人的大嫂陪着两位新人步入洞房以及陪住新婚之夜的传统习俗。

第四步，男方家的结婚宴席，男方结婚家宴席首先摆茶席，茶席上摆满各种奶食品、糖果、糕点，让客人们饭前先喝点茶（该嘎查村民喜欢喝红茶）。茶席结束后，酒席开始，首先新郎和伴郎给送亲客人每人敬酒两杯（该嘎查村民认为偶数是吉祥），接着男方家的亲戚给送亲客人敬酒。敬酒和说话时男方家人会时刻注意自己的形象和态度，尽量让客人们高兴满意，因为他们是送亲的最尊贵的客人。否则送亲客人一旦不满意或不高兴，他们就会扰乱秩序，延长酒席时间，甚至有打架闹事、破坏婚礼仪式、威胁男方家把女儿带回家等行为。这种行为也不是恶意的，只是当地村民的一种传统婚姻观点而已，几乎每次结婚仪式都少不了这种当地习俗。所以男方家只能忍让不敢多言。酒宴结束后男女双方家父母及亲戚摆茶席，举行女方父母将女儿交给男方父母的交给女儿仪式。女方父母向男方父母简单指出女儿的不足之处，表达委托男方父母今后对女儿如自家女儿一样多多指教多多爱护之情。新娘把亲自做的靴子或衣物献给公公婆婆时，公公婆婆给媳妇钱物或布料作为回礼。交给女儿仪式结束后，送亲来的客人返回。女方家母亲留在女儿身边住三天。送走送亲客人后，男方家客人的酒宴正式开始。结婚宴席全部结束后，男方家的妹妹（或其他人代替）给两位新人煮上面条，让两位新人吃面条，以此祝两位新人长命百岁，永远幸福。当天晚上，本嘎查的年轻人（主要为男性）会聚在一起举行"逗"新娘，让新娘唱歌、敬酒、点烟等习俗。

第五步，探望从该嘎查嫁出去的女儿的礼仪。分小探望和大探望两类。小探望即婚礼举行后第三天，新娘家的家人或最亲的亲戚来男方家探望，女方家母亲随探望亲戚一起回家；所谓大探望就是婚礼举行后的第五天或第七天包括家人、亲戚朋友等再次做客男方家探望女儿，探望男方家。新郎家需设盛宴热情招待。女方家注重探望人数多少，他们认为探望人数必须超过送亲人数，这样才有脸面。酒宴上女方家代表宣布各位亲戚朋友的名单及探望礼品。探望礼品一般都是糕点、黄油、奶豆腐、布料、衣物等。到了如今该嘎查的大部分探望礼品是钱物或家用电器。女方家父母探望女儿时家庭比较富裕的带一头母牛和牛犊。探望礼结束后新郎新娘会探望参加探望礼的所有亲戚朋友家。

第六步，"借"姑娘。姑娘出嫁50天，女方家来到男方家把姑娘接回去，住40~60天，俗称"借"姑娘。"借"姑娘时不能骑马，讲究套车来接。姑娘在这被借回的40~60天内，主要是给丈夫和公婆做针线活儿，不干其他营生。"借"姑娘一般要遵守以下规矩：姑娘在亲朋家住的时间，不能超过在自己父母家住的时间；娘家离婆家再近，不到时间也不能提前回去；娘家离婆家再远，到了时间也不能拖延。一般由女方母亲带队，共去一桌亲戚。"借"姑娘分为结婚之前"借"姑娘、结婚后探望时"借"姑娘、年年"借"姑娘等三种形式。女方家"借"姑娘时选择农闲时期，给男方家说明"借"的时间等有关事宜。到了"借"姑娘的最后一天，新郎到岳父岳母家接回媳妇。

采访结束时栓柱给笔者讲了他从事做媒和婚礼仪式代东十几年以来的喜怒哀乐。他最心满意足的是看到他所做媒的新人现在和和睦睦幸福生活的情景。最不愿意看到的是他做媒的新人夫妻感情不和,整天吵架而来埋怨他,甚至一切后果都扣在他的头上。

四 离婚与再婚

宝楞嘎查村民的传统观念中把离婚看成丢家族脸面的很不光彩的事情。宝楞嘎查村民在家庭教育中很强调尊重家族的名誉,年轻夫妇互信互忠,禁止出轨行为。所以过去该地区的离婚率比较低。随着社会的发展,村民婚姻意识提高了,对《婚姻法》逐步了解,有些村民依法保护自己的合法权利的行为逐渐兴起。过去村民的法律意识淡薄,守护着传统观念,家庭暴力严重,婚姻不幸福,宁可被打死还坚持家丑不能外漏的坚定信念,宁愿受折磨。

图 4-1 宝楞嘎查妇女联合会主任萨仁格日勒

第四章 社会生活

据嘎查妇联主任萨仁格日勒讲,该嘎查村民离婚的原因主要有以下几个方面。

第一个原因,因赌博行为家庭破散。现在有些年轻人读了几年书或当了几年的兵回来,成家后,不愿辛苦劳动,不专心照顾媳妇孩子,整天游手好闲,还染上赌博的恶习。不管节假日,不管白天黑夜,整天赌博。家庭的一切重任由妻子承担。久而久之,承受不了家庭和爱情的双重折磨,妻子跟他离婚。赌博是宝楞嘎查存在的不良社会现象,这种行为不但危害社会秩序,而且给村民的家庭幸福带来了严重的危害。

第二个原因,因家庭暴力家庭破散。该嘎查到现在为止封建的大男子主义普遍存在。有些传统家庭里儿媳或妻子享受不了同等待遇。比如,丈夫是一家之长,家里全部权力都集中在男人手里(也有的家庭遇到重大事情时与妻子共同商量)。来客人请客吃饭时家里的媳妇不能与客人一起坐,男人陪客人吃饭,客人走后媳妇才能吃饭。妻子参与在家里的一切生产活动。在有些家庭里,承担各种重担的妻子得不到应有的重视,甚至成为家庭暴力的对象。该嘎查大部分中年男子都有嗜酒的习惯,从早点开始,每顿饭缺不了酒。有时来客人或节假日时多喝两杯,平时老老实实的丈夫便变成威胁老婆孩子的"恶棍",无缘无故打骂妻子,将妻子赶出家门。妻子无家可归,只好回娘家过日子。过几天后丈夫到岳父岳母家接回妻子。数十次的折磨使妻子对丈夫失去信心,从而导致离婚。

第三个原因,家庭琐事引起的夫妻之间的矛盾。如父母包办婚姻的后果、婆媳之间的矛盾、经济收入分配不同等纠纷引起夫妻之间产生不和谐的因素,从而导致离婚。

比如，包某（简称）初中时学习成绩很优秀，考上高中时家庭条件也不错，很有希望成为该嘎查第一批大学生。但在他对自己将来充满憧憬时，一件他做梦也没想到的事情发生了。他父母擅自主张给他介绍了对象，并与对方父母谈到了结婚。包某是家里的孝子，从小都听父母的话，突发事件难住了他，是继续学习还是结婚生子，难以选择。父母逼着他辍学结婚，这使他很难集中精力学习，在徘徊犹豫当中耽误了最好的学习机会。高三毕业时比高考分数线差几分未能考上大学，于是回家结婚生子，从而开始了婚姻生活。但他对未能考上大学这件事始终耿耿于怀，不满意父母包办的婚姻，常常与妻子吵架，夫妻感情走向破裂。在孩子已经十几岁的情况下，夫妻双方再也无法维持这段包办婚姻，于是离婚。包某现在已经再婚。他的前妻与孩子一起生活，而包某则搬到镇里生活。

离婚后再婚，在村民的眼里不是很光彩的事情，但他们体会不到父母包办的婚姻是对年轻人感情的最大打击。离婚对村民来说是不太体面的事情，所以年轻夫妇产生矛盾时，通常由双方父母和亲戚朋友插手调解，尽量不离婚。事态严重时由村干部出面进行说服教育，让他们珍惜这段婚姻，重新过上幸福美好的生活。

五 婚姻禁忌

据别德琪琪格老人介绍，宝楞嘎查村民的婚姻禁忌与习惯，贯穿开始择偶到婚姻成立的整个婚姻过程。择偶时遵循的最基本原则有：直属亲戚之间严禁通婚；辈分不同者不能通婚；男方家通过媒人去女方家求婚时所带的礼品或整个婚姻过程中的礼品数量禁忌单数，图吉利必须是双数；生活当中，儿媳禁忌与公公并肩坐或面对面坐，一起吃饭更是禁忌；儿媳禁忌与公公和丈夫的哥哥开玩笑；夫妻俩互相称呼对方时禁忌用姓名称呼；禁忌送亲时寡妇或单身汉参加，送亲时新娘禁忌笑；在农历正月十五、正月二十五、二月初二、三月初三、六月初六、七月初七已婚妇女禁忌住娘家；已出嫁的女子怀孕期间禁忌在娘家过春节和生孩子；女婿在岳父母家不得与妻子同宿一室。

六 婚后居住形式

据该嘎查退休老书记达胡巴雅尔介绍，绝大部分新婚夫妇从夫居住。若丈夫兄弟多的话，就一起生活一段时间后分家单过。丈夫兄弟两个或三个的话，老大结婚后跟父母兄弟一起生活。老二老三结婚之后，为避免妯娌之间的矛盾，老大老二分家单过。科尔沁蒙古族中有父母跟最小的儿子（老嘎达）一起生活的习惯。分家时儿子分家出去，而不是父母分家出去，父母在老房子里与最小的儿子一起过后半生。有些家庭也有父母跟其他儿女一起生活的例子，但很少。父母虽然与老嘎达一起生活，但其他儿女有时刻关心父母、照顾父母、善待父母的优良传统。当地也有婚后从妻家居住的，叫"上门女婿"。选择从妻居住者，一般是出于经济和家庭条件等考虑做出这种决定的。比如，男方家兄弟多，而女方家没有男孩，或即便有男孩也已生活在外地的，男方工作单位在女方家所在嘎查的情况下，男女双方可能都愿意做出婚后从妻居住的选择。宝楞嘎查有两家从妻家居住的家庭，他们的生活状况都很好。

七 婚姻观念透视

以下内容以对该嘎查妇联主任萨仁格日勒的采访为依据。

(一) 婚制

该嘎查村民的婚姻,实行一夫一妻制。中华人民共和国成立前,该地区曾有过一夫多妻现象,但不是普遍现象,只有那些达官贵族才纳妾,也有的是第一妻没有生育能力的男性娶第二妻。宝楞嘎查年轻男女的婚姻种类中除了科尔沁蒙古族的典型婚姻之外还有很多特别性质的婚姻形式。比如:交换婚姻,即男方家的姐姐或妹妹与女方家的哥哥或弟弟结婚,或者女方家的哥哥或弟弟与男方家的姐姐或妹妹结婚;指腹为亲婚姻(蒙古语:温德根随),即双方父母在怀孕时就协定孩子长大后结为夫妻;双重婚姻,即兄弟俩与姐妹俩同时结婚;继婚姻,即丈夫去世后,丈夫的弟弟与嫂子一起生活,或妻子去世后,妻子的妹妹与姐夫一起生活;上门女婿婚姻,即女方家无儿子或儿子小,父母多病,丧失劳动能力,娶上门女婿维持生活;逃婚,即男女方父母或某方父母坚决不同意两个人的婚姻时男女方一起逃到外地生活;再婚,即离婚或丧夫、丧妻的与他人再结婚。这种种婚姻形式或多或少地体现在宝楞嘎查村民的婚姻生活当中。

(二) 父母包办的婚姻形式

该嘎查过去的婚姻,都是父母包办。一般在孩子年龄很小的时候,父母便代为订婚,甚至有指腹为亲、摇篮结亲的情形,即孩子尚在母亲的肚子里或者尚在摇篮里的时候,父母就代为订了婚。该嘎查以前有过几次指腹为亲的包办婚姻形式,但都未能成功。比如:该嘎查齐家和包家是多年的邻居,关系特别好。两家家长私自商量后替同年出生的齐家男孩和包家女孩指腹为亲。但孩子慢慢长大得知这情况后,反而相互之间有一种隔阂,在嘎查小学念书时,怕同学们笑话相互躲避不敢在别人面前交流。高中毕业后各自考上不同地方的大学,从而摆脱了包办婚姻的束缚,寻找到了自己的心上人。调查期间,从双方父母处获悉,两个年轻人都有各自的家庭。随着社会生活的变化,父母包办婚姻形式在宝楞嘎查逐渐减少,绝大多数家长接受和同意孩子的选择,甚至家长并不知道孩子们跟谁搞对象,搞了几次。有些家长不愿管孩子们找对象的事,尤其是对读大学的孩子们的搞对象之事毫无插手机会。双方搞对象,工作后自己的婚事自己操办,把传统的婚姻礼仪简单化,双方父母参加婚礼仪式即可,不需要更多的插手和操心。本嘎查的年轻人在同学聚会、婚礼、那达慕会等公共场所结识朋友,彼此之间谈恋爱后结婚成家的较为普遍,但也有经他人介绍结婚成家的。包斯日古楞是宝楞嘎查的一位勤劳能干、富有幽默感的年轻小伙子。很多次别人给他介绍女朋友他都拒绝了。有一次,他被邀请到其他嘎查的朋友的婚礼上帮忙,与该嘎查的一位叫香椿的姑娘一起分担炒菜煮饭的活儿。干活的中间包斯日古楞的帅气和幽默打动了香椿姑娘的心,同时香椿姑娘的美丽温柔吸引住了包斯日古楞的心。两位年轻人从而开始喜欢上了对方,自由谈恋爱,到了结婚时双方家长都不知道他们俩是怎么认识的。

（三）婚礼仪式形式的转变

过去，宝楞嘎查村民的结婚仪式，都安排在自己家里。举行结婚仪式时不管是新住户还是老住户每家每户都得邀请。邀请时结婚家的亲戚不是亲自邀请，而是由左邻右舍代东的替结婚的人家口头邀请，不发请柬。村民无特殊情况下都能参加，礼钱一般为 10~50 元，有些村民送布料或衣物，不送现金，关系最好的或亲戚的礼金最多 100 元。主家自己家的所有房间都腾出来摆上饭桌，准备招待客人吃饭，如果自己家不够用，会借用邻居家的。厨师全都是本村多年在婚礼上做饭菜的老厨师。所上饭菜的标准按主家的经济情况来决定。选择当地较有名气的、口齿伶俐的、有多年主持婚礼经验的人作为婚礼仪式主持人（也叫代东），过去主持人不是主持节目，而是主管主持婚礼的 7 项仪式内容及婚礼秩序。跑腿的一些年轻人承担着倒酒、送客人等的任务。婚礼仪式结束后，主家单独请包括主持人在内的所有帮忙的人，主家敬酒并赠送所有帮忙的人烟酒或毛巾等生活用品以示感激之情。主持人和跑腿的不是被雇用者，而是志愿者，他们不管多忙的季节都来帮忙。这种关系是相互的，谁家有婚事都轮流帮忙。

随着社会的发展，市场经济的深入，宝楞嘎查及邻近嘎查的中小型饭店逐渐增加。随着该嘎查与鲁北镇之间的交通的便利与交通工具的增加，人们现在都在嘎查饭店或城镇饭店里举行结婚仪式。这种宴请客人的做法大约是从 2000 年之后开始的。这种方式比较方便，如果在家办酒宴，比较麻烦，自己张罗借餐具、买菜、做饭，另外，酒宴持续的时间也较长，最短也要一天一夜，而在饭店里只需 4 个小时左右。在饭店办酒宴,虽然省时间、省力气,但对经济状况不太好的家庭而言这种做法费用过高,承担不起。由于在饭店举行婚礼成为一种时尚,出现了经济状况不好的村民为了自己的脸面,硬着头皮也要在饭店里大办特办的现象。婚礼邀请形式也从口头邀请变成送请柬。礼金数额也猛增到普遍为100元。这与村民经济收入反差越来越大,再加上过生日、过满月、搬新房、孩子考上大学等宴会的答礼的费用每户每年总支出大约3000~4000元,每年借钱答礼的情况普遍存在。有的经济情况较好的村民,为显示自己的富裕,特意到鲁北镇较大的宾馆里举行婚礼仪式。这也难为了村民,不去吧,人家参加你们家的婚礼,礼已经给了;去吧,来回费用也很高。所以大多数村民让别人把礼金捎去,自己不去。

(四) 妇女社会地位的转变

在宝楞嘎查过去的家庭中,男人高高在上,经济大权掌握在男子手里,妇女无权支配。家务事全部是妇女的责任。妇女洗衣做饭、喂猪喂羊、伺候老人、照顾小孩,终日劳动不休。在家庭里起得最早的是妇女,睡得最晚的也是妇女。她们吃饭时不能和老人、丈夫一起吃。坐时只能坐在炕头边上,为随时下去干活而准备。家里来客人或家里老人外出归来时媳妇必须出去接对方进屋,马上炒菜做饭。一旦犯规矩,会遭到公婆甚至丈夫的严厉批评。妇女不论在家庭中还是社会上,都处于非常卑贱的地位。

现在宝楞嘎查少数家庭中虽然还存在着传统家庭观念的遗留,但与过去相比较,妇女在家庭中的地位和作用有了重大变化。过去寡妇改嫁受村民的歧视,并且多不愿意和这种人结婚。但现在完全愿意,并且还得到社会舆论的同情和支持,因而她们都重新得到了家庭的幸福。家庭中妇女已成为家中的"半边天",甚至有些家庭里妻子已成为家中的"当家"的,家庭里的收入的支配权都由妻子来掌管。洗衣做饭不只是女人的活了,男人也下厨炒菜做饭的习惯在宝楞嘎查慢慢盛行。在家庭中的重大决策等问题上男人都得与妻子商量决定。妻子不再是一个旧式的依赖型的儿媳,恭顺而没有地位可言。妻子在什么时候停止工作和生育孩子的问题上也有发言权。传统文化仍然嫁接在现代社会经济环境中,传统的"男尊女卑"观念依然存在。改善女性教育水平、强化女性的教育权利意识,是追求男女真正平等的一大关键。女性在家庭建设中的作用是无可替代的,她们在建立和谐的家庭关系、子女教育和家庭养老中扮演了重要角色。但如果让女性脱离社会经济活动仅在家从事家务劳动和照料子女及老人,将会泯灭女性的奋斗精神,大大阻碍女性自我价值的实现。

宝楞嘎查妇联主任萨仁格日勒接受采访时说,女性地位不如男性确有其历史必然性,该嘎查尤其明显。所以现在在嘎查要马上做到男女完全平等,是不现实的。现在该嘎查女性地位逐渐发生变化。萨主任对该嘎查妇女们以实力证明着自身价值,冲破传统文化的消极面最终真正撑起"半边天"满怀信心。

(五) 通婚范围

宝楞嘎查绝大多数是蒙古族,也有同姓之间结婚的,这方面没有严格的禁忌。可是亲属之间严禁通婚。该嘎查蒙古族和汉族之间结婚的很多。全嘎查大约有15对蒙汉结婚的家庭。主要范围是该嘎查内部或临近村庄的蒙汉两个民族之间。据统计，女方汉族的共 7 户，男方汉族的共 10 户。其中男方大多是外地人，从妻居住者占绝大部分。

  对该嘎查蒙古族和汉族之间通婚情况的出现，萨主任分析为：这是两个民族之间相互关系和融合程度的一个非常重要的方面。只有两个民族的大多数成员在政治、经济、文化、语言和宗教等方面达到相互一致或高度和谐，存在着广泛的社会交往时，他们之间才有通婚的基础。从与该嘎查通婚的汉族来看，他们多年来在接触和与蒙古族交往的过程中基本学会了蒙古语，达到了与蒙古族简单交流的程度。这种广泛的社会交往使他们的风俗习惯也逐渐与蒙古族没多大区别，甚至他们的儿女从小就用蒙古语念书，和蒙古族孩子一起玩耍一起长大，所以一点儿也没有不同民族之间的隔阂。比如，青松是该嘎查土生土长的蒙古族青年，他妻子蓓蓓是很早便迁移到本嘎查的汉族许家之女。他们于 2003 年结婚，女儿已经 3 岁。他们家庭和睦幸福，现在在经营农业的同时经营小诊所，效益也不错。采访期间，女主人蓓蓓用一口流利的蒙古语跟我们交流，流露出蒙古人的热情和好客，我们很难发觉他们一家是蒙汉通婚之家。蓓蓓觉得她从小就学会了蒙古语，习惯了蒙古人的风俗习惯，已经算得上是蒙古人了，和青松结婚成为一家，生儿育女共同生活得很幸福。

第二节 家庭

一 家庭结构

  我们根据调查采访得知，"家"或"家庭"蒙古语为"格日部里"。宝楞嘎查总人口 780 人，185 户，平均每户 4 口人。嘎查的大部分家庭是核心家庭,即由一对夫妇及其儿女组成的家庭。家中包括爷爷、奶奶、父亲、母亲、自己和妻子、儿女(见表4-1)的家庭为四代之家,也有三代、两代之家。家庭都以男子为主,每个家庭都以年长的男子为家长。子女属父氏族,随父姓,母亲为外氏族。家庭在经济上是共同收入共同支出,爷爷在由爷爷支配,爷爷不在由父亲支配,父亲不在由儿子支配,女子不能支配。父亲在世,儿子不能担任家长。至于父亲在世,儿子做家长或妇女做家长的情况,是极为罕见的。当地也极少有单身家庭(见表4-2)。

表4-1 2007年宝楞嘎查家庭结构情况数据调查表*

单位:人

户 主	配偶	家庭其他成员数据结构					备注
		儿子	女儿	父亲	母亲	总人口	
图门乌力吉	√	1	1	—	—	4	—
额尔敦毕力格	√	2	—	—	—	4	—
敖特	—	—	—	—	1	2	—
乌云巴特	√	—	—	—	—	3	—
乌云巴图	√	1	1	—	1	3	—
布仁巴图	√	—	—	—	—	2	—
常茂	√	1	1	—	—	5	—
铁宝	√	2	1	1	—	7	—
包斯日古楞	√	1	—	—	1	6	哥哥1人
刘德喜	√	1	—	—	—	3	—
王子和	√	1	1	1	—	5	—
阿拉坦敖其尔	√	1	2	—	1	6	—
张晓琴	√	—	—	—	—	3	—
韩孟和	√	1	1	—	—	4	—
韩哈斯	√	—	1	—	—	3	—
吴香宝	√	1	—	—	—	3	—

第四章 社会生活

续表

户 主	配偶	家庭其他成员数据结构					备注
		儿子	女儿	父亲	母亲	总人口	
革命	√	1	1	—	—	4	—
张双宝	√	1	—	1	—	4	—
德格吉日夫	√	2	—	—	1	5	—
青格勒图	√	—	1	—	—	3	—
美荣	√	1	1	—	—	4	—
宝音乌力吉	√	1	—	1	1	5	—
少布	√	—	1	—	1	7	—
咸宝山	√	1	1	—	1	5	—
高明湖	√	1	1	—	1	6	奶奶
高明江	√	1	—	—	—	3	—
高明军	√	1	1	—	—	4	—
咸光瑞	√	—	1	—	—	3	—
哈日其嘎	√	—	1	—	—	3	—
董库	√	2	1	—	—	5	—
哈达	√	—	2	—	—	4	—
乌兰巴拉	—	—	—	—	—	1	单身
范云龙	√	—	1	—	—	3	—
特古斯	√	1	1	—	—	4	—
图门吉日嘎拉	√	2	—	—	—	4	—
高力套	√	1	—	—	—	3	—
白乌力吉	√	2	—	—	—	4	—
那木吉拉	√	—	2	—	—	4	—
其木格	√	—	—	—	—	2	—
那日苏	√	—	1	—	—	3	—
吴玉荣	√	1	—	—	—	3	—
王桂杰	√	2	1	1	1	9	爷爷、奶奶
王久冷	√	—	2	—	—	4	—

续表

户 主	配偶	家庭其他成员数据结构					备注
		儿子	女儿	父亲	母亲	总人口	
华国栋	√	1	2	—	1	6	—
布和	√	1	—	—	—	3	—
特木乐	√	1	1	1	1	6	—
额日和	√	1	—	—	—	3	—
毕力格	√	2	1	1	1	7	—
小巴德玛	√	—	1	1	—	4	—
胡格吉乐图	√	1	1	—	—	4	—
格百	√	1	2	—	—	5	—
刘乌力吉	√	1	—	—	—	3	—
包孟和	√	2	—	—	—	4	—
宝音套克套	√	2	—	—	—	4	—
鞠云龙	√	2	—	—	—	3	—
宝音贺喜格	√	2	1	1	1	8	爷爷
李福	√	1	1	—	—	4	—
萨仁朝格图	√	1	1	1	1	8	—
那仁朝格图	√	2	—	—	—	4	—
德力格尔	√	—	3	—	—	5	—
银花	√	1	—	—	—	3	—
刘景春	√	—	1	—	—	3	—
陈兴军	√	1	1	—	—	6	爷爷、奶奶
玉兰	√	1	—	—	—	3	—
额日德木图	√	2	—	—	—	5	—
刘那顺	√	—	—	—	—	2	
青松	√	1	1	1	1	8	爷爷、奶奶
乌力吉巴拉	√	2	1	1	1	10	爷爷、奶奶
张那顺	√	2	—	—	—	4	—
特格喜白拉	√	1	1	—	—	4	—

第四章　社会生活

续表

户　主	配偶	家庭其他成员数据结构					备注
		儿子	女儿	父亲	母亲	总人口	
许海	√	2	2	1	1	8	—
宁树强	√	1	1	—	—	4	—
宁风学	√	1	—	—	—	4	—
曲国锋	√	1	—	—	—	3	—
大金山	√	2	—	—	—	4	—
玉山	√	1	1	—	1	5	—
宝山	√	2	—	—	—	4	—
高金山	√	—	1	—	—	3	—
高宝成	√	2	—	—	—	4	—
桂荣	√	—	1	—	—	3	—
刘八虎	√	1	—	—	—	4	—
九龙	√	2	—	—	—	4	—
图门白拉	√	—	1	—	—	3	—
格桑布	√	2	—	—	—	4	—
刘国伟	√	—	2	—	—	4	—
小巴拉吉	√	2	1	—	—	5	—
刘额日德	√	—	1	—	—	3	—
布和白拉	√	1	2	—	—	5	—
阿拉坦白拉	√	—	2	—	—	4	—
宝安	√	2	—	—	—	4	—
宝林	√	2	—	—	—	4	—
小关布	√	2	1	—	—	5	—
宝德	√	2	1	1	—	5	—
孟克	√	2	1	—	1	6	—
金荣	√	—	1	—	—	3	—
巴图吉日嘎拉	√	—	2	—	—	4	—
孟力吉日嘎拉	√	2	—	—	1	5	—
彩云	√	2	—	—	—	4	—
阿敏乌日图	√	1	1	—	1	6	爷爷
巴图	√	1	2	—	—	5	—
阿力坦胡乙嘎	√	2	2	1	—	7	—

续表

户　主	配偶	家庭其他成员数据结构					备注
		儿子	女儿	父亲	母亲	总人口	
杨吉德玛	—	2	2	—	—	5	—
包乌力吉	√	1	—	—	—	3	—
马锁柱	√	2	3	—	—	8	—
明干白拉	√	2	—	—	—	4	—
特古斯白拉	√	3	—	—	—	5	—
田阿木日	√	1	1	—	—	4	—
马赛音白拉	√	—	1	—	—	3	—
马哈斯	√	1	1	1	1	6	—
马巴特尔	√	—	—	—	—	2	—
图门白拉	—	—	—	—	—	1	—
栓柱	√	2	—	—	—	4	—
马吉日嘎拉	√	—	2	—	—	4	—
道布道	√	2	—	—	—	4	—
龙梅	√	1	1	—	1	5	—
敖其尔	√	2	—	—	—	4	—
安宝柱	√	—	2	—	1	5	—
尼日布	√	—	2	—	—	4	—
额尔敦巴特	√	1	1	—	—	4	—
套高	√	2	1	—	—	5	—
嘎日布	√	1	1	—	—	4	—
巴彦朝鲁	√	—	1	—	—	3	—
班布拉	√	1	—	—	—	3	—
双全	√	1	1	—	—	4	—
商柏军	√	1	—	—	—	3	—
韩长福	√	2	—	—	—	6	—
包丰富	√	1	1	1	1	6	—
包志国	√	1	—	—	—	3	—
宝柱	√	2	2	1	1	8	—

续表

户 主	配偶	家庭其他成员数据结构					备注
		儿子	女儿	父亲	母亲	总人口	
赵有金	√	2	—	—	—	4	—
吴吉日嘎拉	√	—	1	—	—	3	—
吴双宝	√	—	2	1	1	6	—
乌云毕力格	√	—	1	—	—	3	—
嘎达桑布	√	2	1	—	—	3	—
其木德	√	—	—	—	—	2	—
王长城	√	1	—	—	—	3	—
王林	√	1	—	—	—	3	—
王长军	√	—	—	—	—	3	—
范小军	√	1	—	—	—	3	—
韩舍楞	√	2	1	—	—	5	—
邓祥	√	1	1	—	—	6	—
王战军	√	1	—	—	—	3	—
王战友	√	1	1	1	1	6	—
苏吉祥	√	2	—	—	—	4	—
刘立军	√	2	—	1	1	6	—
王卫东	√	2	—	—	—	4	—
邓才	—	—	—	—	—	4	—
陈兴树	√	1	1	—	—	4	—
白乙拉	√	2	1	—	—	9	—
白嘎达	√	2	—	1	—	5	—
白子英	√	—	2	—	—	4	—
乌云格日勒	√	1	1	—	—	4	—
董财	√	2	—	—	—	6	—
苏尼嘎	√	2	2	—	2	7	—
冯亚杰	√	2	—	—	—	4	—
程宝龙	√	2	1	—	—	5	—

续表

户 主	配偶	家庭其他成员数据结构					备注
		儿子	女儿	父亲	母亲	总人口	
图日根白拉	√	1	2	—	—	5	—
哈斯白拉	√	1	—	—	—	3	—
斯琴格日乐	√	—	1	—	—	3	—
那木拉	√	1	2	—	—	5	—
赵斯日古楞	√	—	1	—	—	3	—
侯殿臣	√	2	—	—	—	4	—
侯殿军	√	1	1	—	—	4	—
侯殿玺	√	1	1	1	1	6	—
刘宏伟	√	1	—	—	—	3	—
韩金海	√	—	2	—	—	4	—
徐晓明	√	2	—	—	—	4	—
许宏伟	√	1	—	—	—	3	—
许财	√	—	—	—	—	2	—
李丛	√	—	—	—	—	2	—
天仓	√	2	1	—	—	7	2个孙子
舍木德	√	3	2	—	—	8	—
色音毕力格	√	—	1	—	—	3	—
布仁白拉	√	2	1	—	—	5	—
银山	√	2	—	—	—	—	—
斯琴毕力格	√	1	—	—	—	3	—
小金山	√	—	1	—	—	3	—
双武	√	—	—	—	—	1	—
双小	√	—	1	—	—	3	—
双财	√	1	2	1	1	7	—
白巴特尔	√	2	—	—	—	4	—
宋吉刚	√	—	—	—	—	2	—
特木日陶高	—	—	—	—	—	1	—
樱桃	—	—	—	—	—	1	—
其木德舍楞	—	—	—	—	—	1	—
杨宝成	—	—	—	—	—	1	—

* 本表格由笔者依据调查数据制作。

表4-2　2007年宝楞嘎查单身家庭（五保户）花名册

单位：人

姓名	性别	民族	出生年月	人口
樱桃	女	蒙古族	1935年6月	1
其木德舍楞	男	蒙古族	1946年2月	1
乌兰巴拉	男	蒙古族	1957年1月	1
杨宝成	男	蒙古族	1966年3月	1
图门白拉	男	蒙古族	1948年2月	1
特木日陶高	男	蒙古族	1956年11月	1

资料来源：嘎查档案。

一辈子没结婚，无儿女或配偶早逝的多数是50岁以上的男性，靠政府的五保户政策扶持维持生活。该嘎查每个家庭的家长（男主人）是最有权威的人。他有权处理与决定家中的一切事情，如生产、生活、金钱收入、劳动力的分配，教育孩子，成家立业和衣食之需等。但处理家庭中大事情时与妻子和全家成员商议解决。关于女性的事情，如女儿、儿媳的衣着打扮、学习针线活儿、婚事等女儿和儿媳通过母亲间接听取父亲的意见。在孩子们的婚姻大事、分配财产等家庭重大事情上父母共同协商的同时听取亲戚、儿女们的意见。家庭中儿女们听从父母的话，兄弟姐妹中弟妹听从哥姐的话。如果家庭中只有丈夫和妻子二人，由夫妻俩商议解决。有些家庭妻子的意见占主导地位。

二　家庭内角色分工

据对该嘎查几位中年男子的采访调查了解到，家庭内劳动的分工，一般是基于性别、年龄和季节生产的特点。男性负责"主外"，主要包括领着儿子从事农活儿、畜牧活儿、社交等内容。女性负责"主内"，主要从事做饭洗衣、打扫卫生、挤奶、喂家畜、针线活儿等内容（见表4-3）。老人们一般不参与主要生产劳动，只是参与种菜、看管幼童、喂家畜等简单家务。年龄稍大一点的孩子们假期在父母的带领下都参与各种劳动，宝楞嘎查大多数家庭的女孩也参加铲地、割草、耕地等体力劳动。

表4-3 宝楞嘎查普通村民一年四季的劳动情况*

月 份	时 间	劳动工种	承担者	备 注
1~5月	6~7点	给牛羊饮水及放出	男性	男孩帮父亲
	7~8点	做早点及打扫家	女性	女孩帮母亲
	9~17点	放牧或拾牛粪	男性	有些打短工
	9~17点	做饭或喂家畜	女性	—
5~6月	5~11点	放牛羊、种地	男性	
	5~11点	挤牛奶、种菜园	女性	有的参与种地
	14~18点	种地、收回牛羊	男性	这时牛羊集体放牧
6~7月	4~11点	铲地	男性	—
	14~19点	铲地	男性	—
	4~11点	剪羊毛，加工奶食品	女性	—
7~9月	全天	修缮房屋及割草	男性	农闲时
	全天	做冬天衣物、被褥	女性	
9~11月	全天	收草、收割地	男性	
	全天	收割菜园、腌菜	女性	有时参与收割
	傍晚或下午	打场收粮食	男女性	老人也参与

续表

月　份	时　间	劳动工种	承担者	备　注
	全　天	销售粮食	男　性	—
11月至次年1月	全　天	做其他家务	女　性	—
	全　天	购买生活用品	男女性	过年的准备

*本表格由笔者依据调查数据制作。

三　家产分配原因及形式

（一）分家及其原因

采访该嘎查已退休的老书记达胡巴雅尔时，他告诉我们，该嘎查村民家庭中的分家是家庭分化、家族扩展的方式。一般情况下分家出现在两个或三个儿子的家庭里。家庭里有了第三、第四代，人口多，一起生活不便，因此就要分家。一户家庭兄弟都娶妻，老大先分家出去，然后是老二，小儿子留在父母家中。爷爷奶奶永远居住在老房子里。不管是男孩女孩都能分到一定的财产。女儿出嫁时陪送一定的嫁妆，其比重与男孩的家产分量差距不大。老书记家有两个儿子两个女儿，现在两个女儿已经出嫁，大儿子图门乌力吉结婚后已分家，在老房子后面盖了一座新房居住。二儿子结婚后也分了家，在老房子西面建房居住。分家时按人口分了财产。老两口住在老房子里。他将分家的原因大致归为下面几种：父母在世时，有两个或两个以上的儿子，并且都已结婚的；父母在世时，儿子或妯娌之间有矛盾，家庭不和睦的；父母在世时，儿媳不愿意跟公婆一起住，甚至结婚之前有约定的；父母在世时，儿子们读大学毕业后，不再与父母一起居住而在各地分居的。老书记家分家属于父母在世时,有两个或两个以上的儿子,并且都已结婚。该嘎查宝音特古斯家有三个儿子,大儿子哈斯额尔敦大学毕业后(1987年)分配到巴彦淖尔盟(市)临河市成家落户。二儿子额尔敦宝力高大学毕业后(2003年)分配到霍林河工作,成家落户。三儿子阿拉坦宝力高大学毕业后在呼和浩特工作,成家落户。采访时老人家说,三个儿子已经成家立业,都在城里居住,但两个老人不习惯城市里的生活,所以拒绝与儿子们一起生活。现在儿子们给两位老人盖了新房子,他们老两口依然在老房子里居住,每年在三个儿子家里轮流居住几个月,他们觉得都挺舒服的。该嘎查也有其他特殊的分家情况。

图4-2 宝音特古斯老人全家福

包斯日古楞家是一个典型的例子。包斯日古楞的父亲叫舍德已去世,生前在苏木兽医站工作。母亲代小,农民,69岁。他们家共3个儿子,1个女儿。大儿子叫阿敏乌日图,今年46岁,未婚,二儿子满都拉和女儿宝洁结婚后在外地居住。大儿子阿敏乌日图曾经与母亲和包斯日古楞一家一起居住，因有癫痫病和精神疾病经常与家人打闹或砸坏家里东西使包斯日古楞家始终没过过安稳的日子。1992年包斯日古楞结婚后，因不方便，与母亲和大哥分家分别居住。分家不久因大儿子的打闹和折磨，母亲在整天操劳、无法与大儿子生活下去的情况下，回到包斯日古楞家一起生活。包斯日古楞给大哥盖了两间房，每月给他买点吃的，让他单独居住。但大哥阿敏乌日图不但不安稳生活，而且经常来包斯日古楞家打闹威胁其媳妇、孩子和母亲。1998年冬天，阿敏乌日图发病后离家出走，包斯日古楞在派出所的帮助下在离家80公里外的其他嘎查找见他时，他的两个手的部分手指头已经冻伤。包斯日古楞把大哥带回自家照料养伤。养伤治病期间阿敏乌日图状态良好。但2003年冻伤痊愈，身体恢复后他的精神疾病又发作，殴打母亲，打骂小孩。考虑到母亲和儿子的安全，包斯日古楞再一次让大哥单独生活。这期间大哥经常来包斯日古楞家砸玻璃、偷盗东西，包斯日古楞只好求助于村委会。村委会主任额尔敦毕力格了解情况后跟鲁北镇养老院联系，把阿敏乌日图送到镇养老院暂时安顿下来。采访时包斯日古楞流着眼泪说，总算把他安顿下来了，这几年被大哥打扰得差点离婚，家庭情况一落千丈。他也担心大哥违反养老院的规章制度被退回家里。

（二）家庭财产的分配形式

据调查，到目前为止宝楞嘎查分配财产的形式大致有三种：一是分家的同时分财产；二是结婚时单独分配；三是只分住所，不分财产。

分家的同时分财产。父母按照儿子的人数和对家庭功劳的大小，将从盆碗到牲畜所有的财产分配给儿子们。如果分财产时父母出现不公平现象，儿子们会不愿意或提出反对意见。所以父母分财产时会召集儿子们，并向儿子们说明有多少财产，分给谁多少，为什么这样分配。一般情况下，没有大的差距时，儿子们服从父母的分配方案。与父母一同生活并主要负责父母晚年生活的孩子将继承所有的家产。

结婚时单独分配。父母在孩子结婚成家时给结婚的孩子单独分配一定的财产。比如，宝音特古斯（65岁）有三个儿子，没有女儿。1987年大儿子大学毕业后，在其他盟市工作。1989年结婚时，父母以结婚费、买楼房及培养孩子等各种费用的形式，一次性分给了大儿子财产30000元。1993年二儿子大学毕业，在城市工作。1994年结婚时，父母以同样的方法同样的数字分给其财产。1998年老三在外地工作后结婚时，也以同样的方法分给了财产。宝音特古斯说，这种分财产的方法又公平又实惠，孩子们都没意见，自己也留了一部分财产准备养老。老得动不了时让三个儿子共同赡养。这种分配财产的方式只适合于经济条件较富裕的家庭。但有些家庭里上过大学受过高等教育的孩子，一般不会分到财产，因为他们上学时用了家里很多费用，没读过书的孩子都不愿意给他们分财产。

只分住所，不分财产。这种分配方法是父母统一掌管牲畜经营、劳动力的分配，衣食之需和日常开支等也都由父母负责。各家家常用具属于各家，家里总的财产不动，将来父母老的时候才分给孩子们。这种分配形式在父母突然离世时兄弟之间往往在财产分配方面争得难分难解。一般情况下由老大出面解决。

第三节 日常生活

一 服饰

（一）服装

据该嘎查党支部书记白乙拉和年长的老人们介绍，宝楞嘎查蒙古族服饰包括帽子、上衣、头巾、腰带、坎肩、裤子、靴子、袜子、手套等。这些服饰随着时代的发展到现在有了新的变化。宝楞嘎查位于扎鲁特旗的牧区和农区的接合部，所以本嘎查科尔沁蒙古族的传统服饰文化保留较完整。该地区的蒙古族很早以前穿着上衣、答忽、乌吉、坎肩、查木查、奥格楚尔等服饰。后来受汉族文化的影响该村蒙古族穿着服饰逐渐有所改变。

1. 上衣

宝楞嘎查蒙古族大部分是在农历九月中旬至正月期间做成一年的服装，这段时间正好是农闲时期，每家妇女都忙于做衣服。当地蒙古族上衣称为"德力"。

（1）查木查：别德琪琪格老人如今也穿着查木查。据她讲，宝楞嘎查村民所穿的查木查是开衩的长衫而不扎腰带。与蒙古袍相比查木查的制作工艺很简单。原料是普通的布料，领子、袖子、大襟、小襟的边沿上没有像蒙古袍那样用库锦、彩虹条、镂金彩条、金银曲线条等材料进行镶边和用绸布、貂皮、獭皮、羔皮滚边，而是用很普通的布料镶边。一般是年龄大点的妇女穿。采访时我们发现该嘎查别德琪琪格老人（采访时 82 岁）依然穿着查木查，她说"穿查木查已经习惯了,但也不是一年四季都穿,年纪大了手脚不灵活了所以图个穿着方便,平时多穿一点而已"。

(2)奥格楚尔:以前该嘎查蒙古族村民冬天所穿的上衣。制作样式上与查木查相似。但奥格楚尔是冬天穿的棉袍子。外面一层布料,里面一层棉,袍长盖过膝盖。冬天为避免肚子着凉,蒙古族有裹腰带的习惯。采访时我们发现在村民中已无法找到奥格楚尔的踪迹。据别德琪琪格老人讲大约20世纪80年代,该嘎查村民已不再穿奥格楚尔,取而代之的是棉袄或棉大衣。

(3)坎肩:采访六月老人(65岁,女,年轻时缝制过很多蒙古族上衣的该嘎查村民)时她说:"传统的坎肩是一种套在长袍外面的无袖短衣。男式斜襟,女式直襟。无领无袖,宽边,用绸缎等好料缝制,库锦镶边。男式坎肩有扣门,钉铜疙瘩。女式坎肩也有扣门,缀镀金的蝙蝠、蝴蝶、莲花银扣,光彩夺目。以前宝楞嘎查蒙古族男人穿坎肩,女人穿乌吉。坎肩分普通和工艺两种,也有年龄的区别。普通的坎肩用各种颜色的绸缎为面,用一般布料做里子裁剪缝纫而成。一定要有四片下摆。它的颈、领、襟、裉和四衩,都用黑、红色的大绒或库锦镶边。四衩的头上用方形的库锦锁住,角上也用各种丝线镶住。工艺坎肩的面料更加亮丽,镶边也更宽一些,并用金银线绣出各种花纹。钉金线扣门和镶嵌珊瑚的银扣。"调查发现,该嘎查村民穿坎肩的很多,但穿蒙古坎肩的不多,一般都是老人穿自己缝制的普通羊皮坎肩或棉坎肩。年轻人为了时尚,夏天偶尔穿蒙古坎肩。

该嘎查蒙古族妇女以前也穿过无领无袖的装饰性长坎

肩，分为普通乌吉和工艺乌吉两类。普通乌吉的面料为黑缎、蓝缎，用黑缎、蓝缎镶宽一些就可以了。领子用两种颜色的库锦镶两道。裉里的衩子不镶边，只镶前胸后背的衩子。挂里子钉纽扣与工艺乌吉一样。工艺乌吉主要工艺和用料讲究，金纹黑缎、银条黑缎和蓝纹库锦都是理想的面料。领口、肩头、裉里、下摆周围各要用四指多宽的各色库锦镶边。

（4）答忽：也叫"阿日孙德乐"（蒙古语），是羊皮制作的，以前该嘎查村民冬天穿的款大型对襟皮衣，分毛向外和毛向里两种样式。毛向外答忽一般没有用布料做的外套，多是皮直接外露的制作简单的皮大衣。毛向里答忽的制作过程比毛向外的答忽复杂一些。首先用加工好的带毛的羊皮制作成毛向里的皮大衣，然后外面套上布料或绸料制作的答忽外套与皮衣缝合完成。穿答忽时里边必须穿其他衣物，以避免身上沾满毛发。该嘎查村民制作的答忽不像其他地方那样精致，而是很简单很普通。现在有很多村民冬天放羊或在外面干活时穿答忽。

2. 头衣

（1）帽子：该嘎查蒙古语中帽子为"玛拉盖"。宝楞嘎查村民夏季一般有戴军帽或用围巾围头的习惯。冬季一般戴毡帽或狗皮、兔子皮、狐狸皮制作的皮帽。以前有些还戴陶尔其克帽、圆帽。陶尔其克帽有毡制作的陶尔其克帽和丝绸制作的陶尔其克帽两种。毡制作的陶尔其克帽用羊毛制作，丝绸陶尔其克帽用绸缎制作，陶尔其克帽上均绣有各种云纹和几何纹图案。圆帽有尖顶、圆顶、平顶等多种样式，用布帛缝制而成。宝楞嘎查蒙古族多在参加重大庆典和过年过节时戴陶尔其克帽和圆帽，平时都不戴。随着社会的发展年轻人都不戴军帽或皮帽,夏天一般戴时尚的鸭舌帽、棒球帽或围围巾。但大多数中老年人仍戴军帽和皮帽,他们讲究的是便宜实惠,夏天不热、冬天不冷就可以。

(2) 妇女一般围头巾或戴白帽。一般而言老人和男子的头巾稍素淡一些,现在很少看见男子围头巾,围头巾的大多是老人,以围白头巾为主。现在围头巾的多为妇女。按季节不同围法有所区别。夏季一般围在头上部后扎在头后面。这种围法适合40岁以上的妇女。一般以蓝、绿、紫色的围巾为主。夏季的头巾较薄,一般都是纱巾或布。冬季一般围在整个头部,扎在下巴下面,以保暖和抵挡风沙。冬季不管是妇女还是女孩子都用这种围法围头巾。冬季的头巾较厚而大。女孩子的头巾因颜色非常鲜艳而与妇女的有区别。嫁出去的女人或年纪较大的妇女有的戴白布制作的像医生的白帽一样的帽子。该嘎查妇女夏季还喜欢戴白布制作的圆帽,她们觉得戴白帽又干净又凉爽。

该嘎查蒙古族认为人之首是智慧之源,而帽子是保护人首之物,理当至高无上。平时生活中不准乱放或乱扔帽子,忌讳踩踏和迈过帽子,否则被视为对人的极大侮辱。摘帽子后,必须把帽子放在高处,忌讳触动别人的帽子,尤其是大忌戴别人的帽子,否则被视为对人的不尊敬。在任何场合都要戴帽子以表示正规、庄严、尊重的礼俗。

3. 下衣

(1) 鞋子:以前宝楞嘎查蒙古族喜欢穿布鞋和蒙古靴,很少从市场买鞋穿。布鞋的种类有刺绣花鞋、纳的花鞋、贴绣花鞋、普通布鞋等。做布鞋时首先把布条粘成整块后用面粉做成糨糊粘贴成几层厚并粘在墙上,干了之后就成为能做布鞋的布料了，这种原料叫"查布格"。做成查布格之后，按鞋的大小量好尺寸在查布格上剪取，用白布滚边儿，粘成几层厚，用石头或砖头压几天弄干，再用麻绳绱鞋底。另一个工序是用查布格做鞋帮。一般做鞋帮的布料是一种叫"烫丝绒"的布料，这种布料又结实又好看。鞋帮做完后，最后一个工序是用麻绳绱在鞋帮上与鞋底合为一体。有时候鞋尖上刺绣花纹。有云纹、草纹、蝴蝶、花卉等图案，非常精美。做冬季的鞋时，鞋身里面放一层棉，鞋底上也放一层棉。到了大年初一时，每家每户的小孩子们都穿自己母亲制作的新布鞋、新衣服高高兴兴过大年。

在采访期间我们发现，大多数家庭自己已经不制作鞋了。原因据农民说，一是没时间。自己制作布鞋太浪费时间，从市场上买，既漂亮又节省做生意和干农活的时间。二是年轻人甚至小孩子不喜欢穿自己制作的布鞋，孩子们觉得穿布鞋是家庭贫穷的标志，穿了丢面子，所以坚决不穿布鞋，只愿意穿市场上买的鞋。

（2）靴子：该嘎查蒙古族村民喜欢穿蒙古靴子，蒙古语称其为"蒙克力古图勒"。蒙古靴子由靴鞡、靴帮、夹条、靴底组成。高筒是蒙古靴子的最大特点。蒙古靴子是蒙古族人民在蒙古高原的自然环境中，长期从事游牧经济生活的过程中创造出来的一种足衣。但随着农业化和城市化趋势，现在的宝楞嘎查村民穿蒙古靴子的人越来越少了，除了一些老人偶尔穿蒙古靴子外，年轻人只是结婚时穿。采访六月老人（年轻时是该嘎查缝制蒙古靴的艺人）时，她说："根据不同的面料蒙古靴大体分为皮靴、布靴、毡靴三种。宝楞嘎查村民穿的皮靴与乌珠穆沁靴子相似，

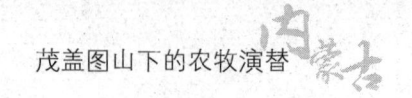

靴鼻子比较秃，以布靴为主。布靴是宝楞嘎查村民最普遍穿的靴种，自己制作。大多数年轻女子结婚之前都给心爱的男子缝制漂亮的布靴子。做布靴是对女人的一种考验。脚尖、脚跟、鞋帮和勒子上都有刺绣和纳出的花纹。冬天脚上穿毡袜子穿靴子。毡袜子必须比靴筒高出几公分，高出的部分用红或绿绸缎镶边，靴子看起来非常精美。"毡靴，本嘎查村民也叫"毡圪登"，用羊毛制作，有模压和缝制两种。本村人在下雪或特别寒冷的天气放羊或在外劳动时一般穿毡靴，有中勒和高勒之分。现在该嘎查村民喜欢穿新式皮靴，但不是自己制作的，而是从市场上买的，一双也几百元钱。

图 4-3　当地的蒙古靴

（3）袜子：蒙古语称"畏木苏"。有毛袜、毡袜、布袜等多种。布袜有自制的和从市场买的两种。自制的一般绣有花纹。毛袜是用羊毛自己捻线挑的袜子或用毛线织的袜子。毡袜是用绵羊的秋毛擀的，一般在靴子里穿毡袜。"包脚"

第四章　社会生活

也是袜子的一种，村民在冬天穿靴或穿鞋时用棉布裹脚。这样可以很好地预防脚被冻伤。

（4）手套：宝楞嘎查村民冬天戴自己制作的皮手套、棉手套。有时戴用羊皮做的皮筒袖子，蒙古语称之为"博力"，分五指头博力和大拇指与四指分开式博力两种。五指头博力大多是用毛线织成的，大拇指与四指分开式博力是用羊皮或棉布做成的。有的皮手套外面套外套，有的直接穿戴。带袖子的手套一般用羊皮制作，长度一般为手指尖到肘，都是老年人佩戴，既保暖又不妨碍老人们用手拿东西。

宝楞嘎查有一句民间俗语叫"男子炫耀力气，女子炫耀手艺"。针线不好的姑娘，父母愁嫁不出去，别人也不想娶。教会女儿针线活儿是每一位母亲必须尽到的义务，是家教的一项重要内容。女子用右手拇指和食指拿针，从外向里缝，顶针戴在食指上。顶针有多种样式，有牛角顶针、铜制顶针等。每当农闲时，妇女和未婚女子们就会坐下来做针线，一做就是两三个月，没电灯之前，每天在油灯下做到很晚也做得很精美。尤其是孩子结婚或过年之前是妇女们比较劳累的时候。现在会做针线的女孩越来越少了，除了在农村没读书在家的女孩会一点之外，其他女孩几乎不懂什么针线活儿。我们调查期间发现有的家庭年纪较大的妇女仍然保存着做蒙古袍、烟口袋用的各种彩线和做鞋做靴的样本等。她们说，现在大多数家庭很少做针线活儿，年轻人不稀罕这个了，平时穿着的衣物和鞋都从市场上买，除了几家之外结婚时也不用传统的东西了，这些东西只能保存下来留个纪念罢了。

图 4-4 缝纫技艺（枕头边儿）

图 4-5 缝纫技艺（烟袋）

（二）装饰

1. 男性装饰

据该嘎查退休干部巴图介绍，以前该嘎查男子除穿着蒙古民族传统民族服装之外，还佩戴多种装饰品。男人的装饰品主要有餐刀、鞭子、烟袋、捎马子等。这些男子的装饰品具有实用性、艺术性和装饰性相结合的特点,但现在装饰品的实用价值越来越突出,日常生活中的装饰价值越来越淡薄。

(1) 餐刀。宝楞嘎查蒙古族餐刀不是放在靴筒里,而是悬挂在腰带右侧,不仅随手可用,而且是一种装饰。制作工艺方面有自己的特点。他们用的是刀鞘用羊角或铁片制作的折叠式的刀,刀鞘和刀是一体的,用好钢打制。比蒙古刀朴素,没有各种饰纹和珠宝等的装饰。主要用于制作生产工具,比如在制作马帮、其他日常工具时使用,所以,刀经常擦拭得很干净,简单装饰,随时戴在身上。现在餐刀已经失去了装饰品的功能,完全成为日常生产的工具。

图 4-6 羊角刀

(2) 烟袋。烟袋是抽烟的工具。烟袋由烟锅(烟袋头)、木杆、烟嘴组成。烟嘴用玉石、玛瑙、翡翠等材料制作。烟锅用白银、黄铜等金属制作,是装旱烟的部分,颇多雕饰。木杆是用红木制作,有天然或油漆花纹,中间有细孔,可以通过烟嘴把烟锅燃着的烟气吸到嘴里。这三件东西在一起组装的时候,接口处要加錾花的银束子。木杆有一二尺长。男性使用较多,女性把旱烟用纸卷着抽。该嘎查 30 岁以上的妇女大多数有抽烟的习惯。据调查每家每户的 50 岁以上的农村妇女几乎都抽烟。村民普遍抽旱烟(烟叶),一般都自己种烟叶。烟袋是用库锦、绸缎、布料缝制,长方形的小扁袋儿,口子小。底部用丝线绣些齿纹花边,中间是山水、花草、鸟兽图案。口上缀有叩烟灰钵(银子做的)、掏烟油的钩子、丝线穗子,往腰带上别的挂钩。烟袋是放旱烟用的。装上旱烟以后,口子能抽回来。把

图 4-7　皮制烟袋

抽烟用的工具经过加工变成装饰品,悬挂在男子腰带背侧。烟袋不但是装烟的工具而且是种装饰品,年轻男子结婚时烟袋上都配上各种颜色的飘带,佩戴在腰上,是一种耀眼的装饰品。

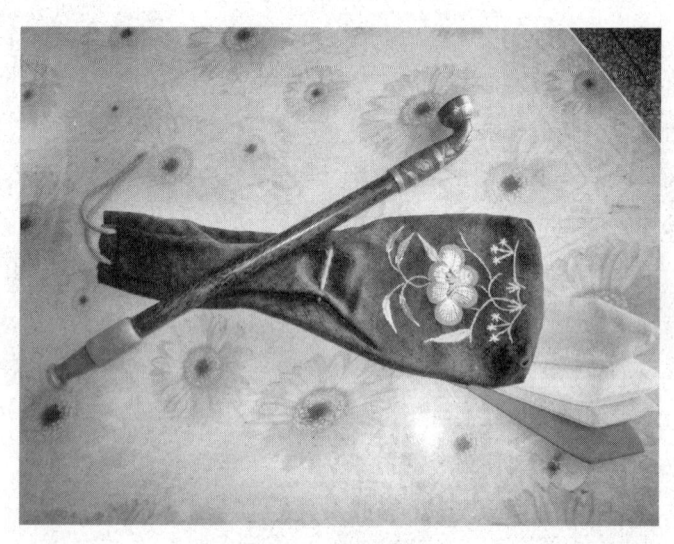

图 4-8　绣制烟袋

图4-9　鼻烟壶

（3）鞭子。以前鞭子主要用于骑马。据嘎查主任介绍，以前宝楞嘎查有很多马，当时马是主要的交通工具，所以一年四季男人离不开马，离不开马鞭子。马鞭子不但成为男人的生产生活工具，而且成为男人的装饰品。一般成年男子都会骑马。男人们斜跨在马上一手叉腰，一手提鞭，颇有气派。鞭子有很多种。比如，编织的鞭子、熟皮马鞭等。编织的鞭子是用熟皮条夹杂红绿粗皮革编织而成的，能编出鳞纹、吉祥结等图案，坠着几层细皮条做成的穗子。熟皮马鞭是用三股熟皮条拧成的，一尺长，末梢接一截皮筋做的鞭梢儿，将粗端绑在红柳鞭杆上。会抽的能发出声音。这种鞭子在赶马车时使用。现在该嘎查只有双全家有一匹马。采访时双全说，骑马或赶马车时不用工艺精美的皮鞭子了，都用细长胶皮制作的简单的短鞭子。该嘎查包斯日古楞家收藏有一条以前骑马时所用的精美的短马鞭，因为他以前有过一匹很出色的赛马。

图 4-10　骑马用的鞭子　　图 4-11　赶车用的鞭子

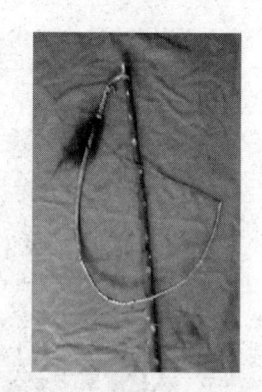

图 4-12　马鞍

（4）捎马子。以前对宝楞嘎查蒙古族来说不但马鞍、马鞭等是男人不可缺少的生活用具，就连马背上戴的捎马子也是男人的一种装饰品。以前该嘎查男人出差或出远门时把一些生活用品都装在捎马子里，驮在马背或驴背上出去。捎马子，用较厚的布料制作。长方形，两头都有很大的兜子，都能装很多东西，捎马子两边兜里所装的东西重量尽量对称，这样驮在马背上才能保持平衡。下马后把捎马子挂在肩上行走。现在随着交通工具的发展和各种旅行包的出现该嘎查村民出远门时很少用捎马子了。现在宝楞嘎查村民的日常生活中捎马子已经失去了它作为生活用品的实用价值，而它作为纯粹的装饰品的文化价值却日益突出。

2. 女性装饰

宝楞嘎查蒙古族妇女的传统装饰品的种类不是很多，不像其他地区蒙古族那样种类和样式繁多，很朴实的装饰品衬托出她们的自然美丽。比如，手镯、耳环、戒指、发套、坠子等。

（1）穿耳洞。过去女孩到 12 岁之后，必须穿耳洞，否则将来出嫁之后没法佩戴妇女装饰。所以，要成为名副其实的蒙古族女人首先要穿耳洞。

（2）发型。女孩子小时候，头顶上留着小辫子用红绿绸条扎住，有的梳两条辫子。到了十四五岁之后把长发编成一条辫子。结婚前不能编两条辫子，只许编一条辫子，这表示未结婚。结婚后编两条辫子往上卷起来用发夹夹住，这表示已结婚。

（3）手镯。该嘎查未婚的女孩很少戴手镯。已婚妇女至少有一副。老年妇女戴红铜镯子，这种镯子能治骨肉之间出现黄水的一种慢性病，据说带上红铜镯子，日久可把黄水吸出来。

（4）耳环。调查发现该嘎查女子大多数戴耳环，有的富户人家戴金耳环，该嘎查 50 岁以上的妇女所戴的耳环大多为传统的耳环，年轻一代大部分戴现代的工艺品。

（5）戒指。所用的材料同手镯差不多。以前未婚的女孩可以戴戒指，戴在食指以外的手指上，男孩一般不戴戒指。近年年轻人盛行一种上面嵌珊瑚的银戒指，无论男女都戴戒指。

（6）坠子。蒙古语中称"随和"，以前该嘎查已婚妇女平时戴的轻便头饰，由褡带、坠子、好力宝组成。褡带是戴在头顶后垂于耳后的装饰物。在褡带两角下面挂坠子，连接左右两边坠子的坠链称为"好力宝"。采访时我们了解到现在该嘎查已没人戴坠子了，只是结婚时能偶尔看见。

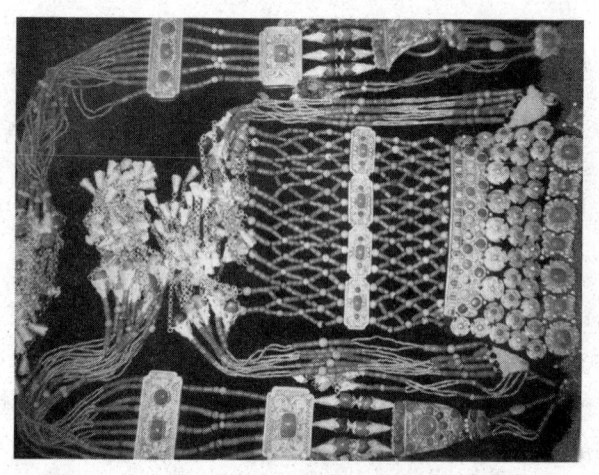

图4-13 传统女性头饰

随着时代的发展，该嘎查女性虽然保留佩戴装饰品的习惯，但已经不佩戴传统的装饰品了，而被现代工艺品所取代。调查期间我们了解到年长的女性（50岁以上的）大多数佩戴传统制作的手镯、耳环、戒指、坠子和发套等装饰品已很少见到。有些家庭把传统的装饰品看成宝贵的古董而收藏起来以免丢失，不敢佩戴，通常会选个时机，价钱合适时出售给文物贩子。有些年长的村民很感慨地说："以前所佩戴的装饰品，现在已经不是装饰品了，而是人人梦想发财的宝贝商品，有些文物贩子隔三差五地来村子里转悠，我们也不敢戴。"这句话很生动地描述了该嘎查传统服饰文化渐渐流失的现状。

（三）宝楞嘎查村民服饰变迁的简单历程

据巴图老人讲，20世纪末21世纪初，随着该地区政治、经济、文化习俗的变化，当地蒙古族的服饰也有了新的变化。这种变化大体反映出当时国内的政治形势、经济基础和科技水平。农业经济在该地区的发展，使蒙古族服饰有了半农半牧地区的特点。随着经济贸易和手工业在该地区的发展，各种服饰商品的出现和蒙古族文化素质、审美观的发展，使当地蒙古族服饰也有了自己的地方特点。

20世纪中叶以后，随着在扎鲁特旗内地汉族移民数量的逐渐增多，当地蒙古族服饰有了新的变化。蒙古族男性开始穿大襟短衣，戴陶尔其克帽，穿低靴筒的鞋。以前的蒙古袍等服饰不再适合于农业生产的需要。但女性服饰比起男性服饰更保留着传统习俗。因为她们主要从事牧业生产，服饰与生产方式没有很大冲突。像宝楞嘎查这种半农半牧区，由于生产方式的改变，长袍高靴已经很不方便，短衫和鞋也就应运而生。但在另一方面，民族服装又受到特别的重视，出现了时装化、礼仪化和个性化的倾向。

20世纪中叶以后，该地区的市场开放之后，商品服饰逐渐增多。该地区庙会的规模也逐渐扩大。各地的庙会上聚集了各方来的旅蒙商贩售卖各种绸缎、棉布、针线、衣物、日用品。汉族手工业作坊逐渐代替蒙古族传统的工艺品制作。蒙古族村民从汉族店铺里购买自己所需要的衣物、装饰品和日用品。通过经济贸易的交流，汉族服饰文化无形当中影响了蒙古族服饰习俗。

西方文化也影响了该地区蒙古族的习俗文化。蒙古族服饰有了新的改变，该嘎查的蒙古族村民开始穿戴礼帽和马靴等海外服饰。当地蒙古族村民春季秋季较凉爽时戴细毛礼帽，夏季炎热时戴竹片编成的礼帽。马靴，蒙古族多骑马时穿。夏季和冬季穿两种马靴。以前戴礼帽穿马靴是男子的郑重服饰。礼帽和马靴是蒙古族服饰不可分割的组成部分之一。到现在为止当地蒙古族在参加集会庆典和过节时依然戴礼帽、穿马靴。

21世纪之后，蒙古族各个地区特点不同的服饰文化逐渐定型，这种变化虽然受历史传统、地方风俗习惯以及社会环境的影响，但最主要的影响因素还是审美观。蒙古族各地方的不同习俗不仅在口音、居住、饮食上有所表现，而且在服饰习俗上也有明显体现。比如，宝楞嘎查妇女梳两条辫子，这表示已结婚。而其他地区已婚妇女反而梳一条辫子；宝楞嘎查妇女穿大襟乌吉，而其他地区妇女穿对襟乌吉。

20世纪50年代，新中国刚刚成立，这种社会大环境使宝楞嘎查村民的服饰与全国人民的服饰的发展大致相同。年轻人的服装为改造中山装：明兜改暗兜，七扣改五扣，翻领的角尖一点，领口大一点，把襟口的喉头解放出来。但一些老人和妇女依然穿着传统的蒙古服饰。

20世纪60年代，"文化大革命"的"破四旧"运动改变了宝楞村农牧民的传统民俗。男女老少，春夏秋冬只穿"老三色"：蓝、黑、灰；"老三装"："毛服"、青年装、军便装。军装成为年轻人最普遍、最流行的服装。绿色军帽、帆布挎包、军用宽皮带、毛泽东像章、毛泽东语录也连带成了配套的装饰品。这时期几乎没人穿传统民族服装了。

第四章 社会生活

图 4-14 20 世纪 70 年代宝楞嘎查一家人的典型服装

20 世纪 70 年代，虽然"文化大革命"已结束，但很多人仍继续穿着军装，过年时每家每户都自己给孩子们缝制四个暗兜的绿色上衣，蓝色裤子。布料都是所谓的"的确良"，这是当时男女老少都喜欢的布料。尽管"抵制奇装异服"的禁令依然未解除，但劳动服、拉链衫、风雪衣、顺褶裙、碎褶裙已悄然成风。一些老人和妇女们开始恢复传统的民族服饰，但人数越来越少。

20 世纪 80 年代，不管男女都夏天穿花衬衫、喇叭裤、高跟皮鞋，戴墨镜；冬天留长头发，穿登山服（羽绒服），脖子上戴着毛围巾是当时年轻人最时尚的装扮。那时候小孩子最常见的装扮就是女孩子白衣蓝裙，男孩子白衣蓝裤，有点小资风范的就是在衣领下面加上一条"舌头",更精神的做法是在肩上缝上两个肩章。

蒙古族传统服饰有了前所未有的变化。一些头饰、佩饰日益简单化,逐渐被新式服饰所代替。这时收购蒙古族传统服饰和装饰品的"流动商贩"日益增多,廉价收购当地蒙古族的传统装饰品,蒙古族服饰文化遭到严重摧残。当时穿传统服饰的人越来越少,但缝制蒙古袍、蒙古靴、烟袋的农牧民有增无减。这是因为,当时蒙古族婚姻习俗尚未完全改变,婚礼上新郎新娘都需穿着蒙古族传统服饰,佩戴烟袋等装饰品,正因为这种习俗的保留,该嘎查蒙古族传统服饰文化才延续至今。

图4-15 20世纪80年代宝楞嘎查青年一代的典型服装

据该嘎查团支部书记孟克介绍,20世纪90年代至今,各种具有独创勇气和灵感的个性化服饰,在宝楞嘎查日渐成为时尚。当时流行的萝卜裤,主要是男性穿,是对喇叭裤的反其道而用之,是上宽下窄的一种裤子,上面要够大才行，裤腿一律收紧。

当地蒙古族不管男女老少平时几乎不穿传统服饰，而只在遇到盛大的节日庆典或某些特殊场合的时候，男女老少少不了要穿戴传统服饰精心打扮一番。尤其是在婚礼上，新郎新娘都要求穿传统的民族服装，而且制作工艺上越来越精美。虽然传统的服装已经不再在日常生活中扮演主要角色了，但当地蒙古族没有忘记他们特有的服饰。不少农牧民家都有一套蒙古袍收藏着。有些是从上辈传下来的，大部分是在市场上定做的，现在很少有人会制作蒙古袍了。

二 饮食

（一）食物结构和种类

宝楞嘎查是半农半牧地区，因此长期以来随着农业文化的接触增多，吃五谷杂粮的同时保留着吃游牧民族传统食品羊肉和奶食品的习俗。由于自然条件与气候差别较大，物产各有特色及汉族饮食的冲击，该地区的蒙古族逐渐形成了粗粮细作，品种繁多，与西部蒙古族不同的独特的饮食习俗。

1. 粮食类

我们从村委会主任额尔敦毕力格那里调查采访了解到，随着半农半牧经济中农业所占比率的提高，宝楞嘎查村民食用粮食的数量越来越多。粮食类中食用最多的是米食和面食两种。米食食用最多的是大米。计划经济时代，上班族凭国家供应才能吃到大米。现在随着市场经济的深入，村民种的农作物里经济作物越来越多，自家食用的谷、糜、黍、荞麦的种植量越来越少，有的村民干脆不种粮食作物，全部种植经济作物，从市场上用现金买回大米食用。每家每户一年平均食用15~20袋大米。有些家庭早点也煮米饭,炒热菜。过年时食用大米的次数最多,大致每天三顿都吃大米饭。除煮着食用外村民还把大米和猪肉一起做稀粥食用,当地村民叫"连煮巴达"。第二是二米子,即大米和小米一块煮着吃。这样食用又节省大米又比纯小米好吃。第三是苞米楂子。村里较穷的家庭煮着吃玉米楂子。他们没钱买大米吃,只能加工自己种的玉米后食用,所食用的玉米有黄玉米和白玉米两种。第四是炒米。以前村民每日早餐喝茶离不开炒米。现大多数村民保留了每日一顿饭吃炒米的习惯。炒米的原料是糜米,俗称蒙古米。做炒米的工序是很讲究的。第一道工序:煮米。先把糜米筛干净,去掉土和沙子。锅里倒上水烧开,上下搅拌,使热气走匀。用慢火焖至半熟后出锅。第二道工序:炒米。先选好沙子,用筛子筛过后再用箩子过土,锅里放适量的沙子。一般炒米时用木柴,由一个人专门负责烧火,这样随时调整火的大小。沙子热到一定程度以后放糜米开始炒。一个锅里每次炒一大瓢糜米,不能放太多,约为沙子的1/3。炒20秒左右用筛子迅速把米与沙子分开。将沙子倒回锅中炒热,再加入糜米炒。这样连续作业,一点沙子可炒许多炒米。第三道工序:去皮。以前去皮的方法是,用石碾子将糠壳碾掉。碾米时需不断往碾心添米,否则会把炒米压成面粉。然后用簸箕簸去大糠,用箩子箩去细糠后可以食用。现在石碾子已经被淘汰,都用碾米机加工炒米,但口感上不如石碾子碾的炒米好吃。村民吃炒米时不是在奶茶里泡着吃,而是和牛奶搅拌着吃。没有牛奶时用开水泡完后,加一点白糖搅拌着吃。炒米可口耐饥,所以村民一般在早晨去地里干活之前吃炒米。有时还煮着吃。该村特色食品之一叫

"呼乐德森巴达"（冻炒米），主要为冬季食用。把炒米和奶油搅拌后放点白砂糖冷冻。冷冻后的炒米干脆可口，是村民过年的时候招待客人的独特食品。第五是小米和高粱米（见表4-4）。

表4-4 宝楞嘎查典型家庭每年食用粮食的次数调查情况表*

单位：次/年

户主	大米	二米子	苞米楂子	炒米	小米和高粱米
吴吉日嘎拉	360	120	90	200	20
图门乌力吉	400	0	24	360	10
包孟和	360	0	0	260	50
包金山	520	0	0	120	10
王子学	540	0	0	0	90
敖其尔	300	120	300	260	320
阿拉坦白拉	180	0	90	360	90
敖特	260	0	200	360	180
阿拉坦敖其尔	360	90	90	230	120
安宝柱	360	20	80	300	130
尼日布	200	130	230	360	100
额尔敦巴特	320	0	100	320	60
套高	200	0	200	360	90
嘎日布	300	0	90	260	80
巴彦朝鲁	360	0	30	360	60
班布拉	420	0	70	280	50
双全	500	0	0	360	60
商柏军	360	20	30	0	30
韩长福	520	0	10	0	60
包丰富	360	0	40	0	30

*本表格由笔者根据调查数据制作。

2. 面食类

第一种面食：面条。宝楞嘎查的村民也叫"汤"，指的是各种面条,不是鸡蛋汤之类的东西。面条按做法和吃法的不同分多种。

(1) 卤子面,用白面制作,第一步,先把和好的面擀成薄片,把面片均匀折叠后切成面条,放入开水锅里煮。熟之后捞出来,放进凉水里再捞出来,这样面条不容易断。第二步,做卤子,一般用猪肉汤做底料,上面加菜。夏天一般吃鸡蛋韭菜卤子面,冬季一般吃猪肉酸菜卤子面。

(2) "片拉汤"。先将猪肉或膘油肉放进锅里爆炒,放入调料品加水,待开锅后把擀薄的面片揪进锅内,熟后连汤带面一起吃。

(3) 荞麦面饸饹。这是宝楞嘎查最常见的一种传统吃法。几乎每家每户都有压饸饹的饸饹床子(压饸饹的专用工具)。先把荞麦面和得稍微软一些(一般掺一些白面),锅里的水烧开之后把饸饹场放在锅上头,一人专门往饸饹床子罐里塞面块儿,一人压住场子,这样挤出来的面条就直接掉进锅里,煮熟后捞出来,放进凉水再捞出来,浇上卤子就可食用。吃法跟卤子面差不多,做面之前先把卤子做好,卤子的种类分肉卤子和蔬菜卤子两种,做法跟卤子面一样。在宝楞嘎查村民修缮房子或搬进新房子时都有吃荞麦面饸饹的习惯。最近几年连年干旱,村民不得不种植耐旱、早种早收的荞麦,随着种植面积的增加,吃荞麦面的人也多了起来。

(4) "猫耳朵"面。这种面也是用荞麦面做的。做法跟饸饹完全不一样。先把荞麦面和得硬一点,然后揪成小块在手心里慢慢搓,搓成像猫耳朵一样弯弯的小面瓣,叫"猫耳朵"。做完"猫耳朵"之后,做面汤,面汤一般用鸡肉汤做最好吃。锅里倒半锅水,放进鸡肉块和蒜、葱、大料。烧开半个小时左右放入"猫耳朵",煮熟后即可食用。一般冬季寒冷的天气放一点辣椒酱食用又可口又保暖。夏季一般下雨天气吃"猫耳朵"面，因为下雨天比较凉爽，而且村民待在家里有时间做做法较为复杂的"猫耳朵"面。

（5）牛犊面。蒙古语称为"图古勒汤"。先把新鲜牛奶放进锅里，放一点盐、葱花、白糖，牛奶烧开后将事先准备好的稍微厚一点的面片切成小方块放入锅里，煮熟即可食用。家里不经常吃，来尊贵的客人时做给客人吃。

（6）疙瘩汤，比较简便的面食。把猪肉切成块放入锅里爆炒之后加水、葱花烧开几分钟后，把和好的面直接揪成小块放入锅里，煮熟即可食用。村民一般农忙时为了节省做饭时间经常食用。

（7）格格豆，将小米浸泡数日后晾干轧面，加水和得稍微软一些，在有很多小孔的擦板上擦成细条煮熟后过一下凉水，加上卤子即可食用。

第二种面食：饼子。饼子有馅饼、家常饼、荞麦面饼等几种。

（1）馅饼，冬季因为蔬菜较少一般吃猪肉酸菜馅儿的馅饼。把肉和酸菜剁碎放点酱油、葱搅拌均匀，放在和好的面块里，擀薄之后，在大铁锅里放油，把馅饼贴在锅底过油，饼子慢慢膨胀时表示已熟，迅速出锅，不然时间长了很容易烧焦。这种馅饼皮儿薄、馅儿多吃起来很香，是典型的"东北馅饼"。

（2）家常饼，将和好的面揪成几大块，里头夹白砂糖和豆油包起来，用擀面杖擀薄后，在油锅里过油，至熟为之。家常饼和鸡蛋汤、猪肉炖粉条一起吃味道更鲜美。

（3）荞麦面饼，当地蒙古语称为"海木格"或"阿拉珠勃勃"，是宝楞嘎查村民经常吃的特色面食。做法简单又好吃。把荞麦面粉倒在盆里，上面加点盐、味精、蒜泥、新鲜葱花后倒入温水搅拌成糊状。平底锅里放点豆油或腊肉油,油热以后,把搅拌好的荞麦面倒入锅里,少倒一点,火小一点,油多一点,几秒钟翻一次,这样吸油均匀,熟得也匀称,不容易烧焦。荞麦面饼不需要太多的菜,只有咸菜也可以美餐一顿。

(4)玉米面饼:和好玉米面之后,揪出一大块用两手拍打薄以后贴在大铁锅上,不用放油,不用翻动。熟之后拿出来时饼子一面烧焦成又干又脆的,蒙古语称"嘎渣儿勃勃",是宝楞嘎查以前大部分家庭最主要的面食。随着生活水平的提高,现在很少有人吃玉米面饼子了。

(5)黏豆包。村民叫"黏勃勃"。黄米面和好后放在炕头上发酵,过数日后把发酵好的面拍成薄饼后里面加点红豆馅包成圆团状,上锅蒸熟,有时烙着吃。村民一般在早晨吃"黏勃勃",因为"黏勃勃"跟炒米一样耐饿,吃了后一上午干活有劲,所以没有炒米时经济条件好的家庭把"黏勃勃"和黄油或猪油、白砂糖搅拌着食用。一般的家庭加点白糖后和咸菜一起食用(见表4-5)。

表4-5　宝楞嘎查典型家庭每年面食的食用次数调查情况表*

单位:次/年

户　主	各种面条	饺子	各种饼	黏豆包
吴吉日嘎拉	180	24	50	20
图门乌力吉	260	30	30	10
包孟和	120	36	20	15
包金山	90	40	10	0
王子学	200	20	20	20
敖其尔	120	20	10	10
阿拉坦白拉	180	15	10	20
敖特	90	10	0	30
阿拉坦敖其尔	150	20	20	20

续表

户　主	各种面条	饺子	各种饼	黏豆包
安宝柱	100	20	30	30
尼日布	130	10	30	10
额尔敦巴特	100	12	10	30
套高	200	10	20	20
嘎日布	130	9	10	40
巴彦朝鲁	90	10	30	60
班布拉	80	10	20	50
双全	60	10	0	60
商柏军	150	15	10	30
韩长福	90	20	0	10
包丰富	120	20	10	30

＊本表格由笔者根据调查数据制作。

3. 肉食类

宝楞嘎查村民主要吃猪肉和羊肉。其中一年四季多以吃猪肉为主，同时也吃鸡肉和鱼肉等。食肉的方法有以下几种：一是吃猪肉时，一般切成小块下锅炒菜或做炖菜吃。每年11月是村民的杀猪季节。一般村民轮流杀猪，因为村里就几个专门杀猪的人。杀猪，对宝楞嘎查每一户家庭来说是一个节日。早晨6点多钟，杀猪的人早早得到场，一些帮忙的亲戚朋友也按时到场，准备就绪后开始杀猪。首先把猪的四肢绑好以后放在小桌上，在猪的脖子上扎刀，家庭主妇用盆接猪血。接好的猪血与适量的荞麦面搅拌，然后放一点葱姜等调味品，准备灌猪血肠。家里的男主人与帮忙的人一起把猪搬到有开水的锅上，往猪身上浇开水，然后拔毛。拔完毛后收拾猪杂碎，灌血肠。在杀猪那天，必须把最好的肉煮给亲戚朋友们吃，还要用猪血烙成猪血饼吃。宝楞嘎查村民杀猪的当天，把煮好的肉、血肠、血饼、杂碎放在塑料袋子里送给邻居或亲戚朋友，让他们尝一尝自家的猪肉。猪肉一般不对外出卖，而是在院子的一个角落用冰块砌成墙把猪肉放在里面冷藏起来，以备过年时食用。到了春天后，把猪肉切成小块做成腊肉保存下来以备春天和夏天食用。

宝楞嘎查村民一般情况下不杀羊，因为羊绒价钱高，村民认为杀羊吃经济上不合算。但在特殊情况下，比如儿子娶媳妇、孩子考上名牌大学、父母过寿等重大事情时羊较多的家庭会杀羊庆贺。他们忌讳抹脖子大放血式的杀羊，而是用刀扎羊的胸口杀羊，这种方法几乎见不到血，十分奇特而且简便。用新鲜肉招待客人，把羊杂碎、肉肠、血肠加工好之后摆酒席招待客人。

禁止狩猎之前本嘎查村民也能吃上野兔肉、野鸡肉、狍子肉。鸡肉是经常食用的肉类。平时来客人或节假日吃炖鸡肉。

宝楞嘎查村民不杀牛，因为牛的价钱更高。急需用钱时卖掉牛，比如孩子学费凑不齐或孩子结婚时卖牛可以解决一部分经济问题。牛意外死亡，比如被车撞死或摔伤而死后有的卖掉，有的自己食用。自食时主要把牛肉切成条，放一点盐，在凉爽的地方晒干后烤着吃。不吃病死的牛的肉，病牛死后剥皮埋在土里。

蒙古族禁忌吃狗肉。

20世纪90年代以前，村民经常从河里捞鱼或钓鱼吃。随着降雨量的减少，生态环境的变化，周围河流的水量减少，鱼的数量也减少了，现在河里几乎看不到鱼了。村民平时很少吃鱼，只是过年时从镇里买鱼食用（见表4-6）。

表4-6 宝楞嘎查典型家庭每年肉食的食用次数调查情况表*

单位：次/年

户 主	猪肉（猪油）	羊肉	牛肉	鸡肉	鱼肉
吴吉日嘎拉	180	24	50	20	0
图门乌力吉	260	30	30	10	6
包孟和	120	36	20	15	0
包金山	90	40	10	0	0
王子学	200	20	20	20	10
敖其尔	120	20	10	10	0
阿拉坦白拉	180	15	10	20	0
敖特	90	10	0	30	0
阿拉坦敖其尔	150	20	20	20	0
安宝柱	100	20	30	30	0
尼日布	130	10	30	10	0
额尔敦巴特	100	12	10	30	0
套高	200	10	20	20	0
嘎日布	130	9	10	40	0
巴彦朝鲁	90	10	30	60	0
班布拉	80	10	20	50	0
双全	60	10	0	60	3
商柏军	150	15	10	30	0
韩长福	90	20	0	10	7
包丰富	120	20	10	30	0

* 本表格由笔者根据调查数据制作。

4. 蔬菜类

宝楞嘎查村民食用的蔬菜种类较多，主要分为自家菜园子种的蔬菜和野菜、咸菜等三大类。除了嘎查的东西两边的有些住户由于沙化而无法种植之外，大部分村民家都有自家的菜园,虽然各家菜园大小不同,但都能种植各种蔬菜。各种蔬菜基本上满足一年四季食用所需。菜园子里主要种植土豆、葱、萝卜、白菜、豆角、韭菜等,有的家庭种植多种蔬菜。所以夏天食用的蔬菜种类较多。

(1)炖菜,这种吃法是该嘎查经常吃的最典型的蔬菜食用方法。炖菜时一般不用铁锅,大多用大焖锅,锅里放腊肉或猪肉炒一会儿,再放土豆、豆角或白菜,爆炒后添加水,烧开以后放盐,盖子盖住至煮熟为之。本嘎查村民不习惯吃烩菜,每次都以一种菜为主,不掺杂其他任何菜。冬季以吃炖酸菜、炖豆腐、炖土豆、炖豆角为主。炖酸菜时会多放一点肥猪肉放少量粉条。因为冬季蔬菜价格贵一般情况下村民不买新鲜蔬菜,冬季吃的主要是夏天腌的菜和晒干的豆角。有的家庭家里有地窖,地窖挖在屋内或屋外。长约5米,宽约4米,深约2米。为了保持窖内的温度,地窖的入口很小,只能一人进入。里面放沙子,萝卜和土豆埋在沙子里,以免冻坏。冬季腌渍菜是东北民间储存大白菜的传统方式。晚秋将白菜洗干净,以热水浸烫片刻,装缸密封,发酵变酸,称"渍酸菜"。渍好后的酸菜加肉炒食或炖食,是冬季家家必备的菜种。这种措施解决了村民冬季吃菜难的问题。冬季村民也经常吃炖豆腐和干豆角,一般过年时和猪骨头或猪蹄子一块炖,大多数家庭一次炖上好几天食用的菜,这样省了每顿饭做菜的时间。每顿饭热着吃,剩下的继续冷冻,准备下一顿吃。内蒙古地区冬季经常吃火锅。内蒙古东部地区的吃法与其他地区不相同。火锅种类有陶瓷火锅、铜制火锅、铁制火锅三种。铜制火锅因其既结实又美观而被普遍使用。火锅直径(锅沿部分)1尺左右,烟筒6~8公分。烟筒在锅中间,把烧到大概七成的木炭放入烟筒里烧锅,这样的火大而无烟。不是在汤里涮着吃,而是先把原料都放进去。放原料时也有讲究。把五花肉切成薄片,4~5片放在一起。把火锅分隔成八个格,先把肉和菜一层一层放在锅里。最底层放瘦肉、上面放酸菜或干豆角,再上面放一层新鲜蔬菜,最上面放粉条。菜的上面还放肉丸子,每格里放8个肉丸子,共64个丸子。烧锅时把锅盖盖住。这样吃的时候每人食用自己面前的那一格的菜。用猪肉汤或鸡肉汤做底料,放盐、酱油、葱花、花椒等调味品,不放其他任何调料。食用时把火锅放在饭桌中间,锅的掏灰孔面向屋门口。客人或家中年长者先动菜后其他人才开始食用。

（2）野菜,该嘎查村民夏季经常吃的野菜是"哈拉该"、野韭菜、苦菜、蘑菇、"珠嘎"等。"哈拉该"是长在山上的一种带刺的植物。用水洗干净以后用猪肉做汤,先放荞麦面块儿,过几分钟后放入"哈拉该"一起煮,也叫"哈拉该汤"("哈拉该"做的面)。孩子们特别喜欢吃。野韭菜是科尔沁草原上常见的野菜种类。村民们把它的花摘回来洗干净后,在石碾子上碾碎。碾之前把石碾子洗干净,碾的过程当中用桶把流出来的韭菜花接好。在做好的韭菜花上面加点盐就可食用。这种韭菜花当地的蒙古语叫"苏日斯"。做"苏日斯"的季节村里的石碾子不躁其他粮食,专门做"苏日斯"。"苏日斯"是冬天不可缺少的很实用的菜种,村民直接和饭一起吃,不用其他菜肴。"伊德日",即苦菜,生长在田地间,菜叶较长,有绿色和紫色两种,洗干净后直接蘸酱吃。据说经常食用可以促进血液循环,降低血压。宝楞嘎查村民有像东北汉族一样用大葱蘸黄酱吃的习惯。一般在春天开始用黄豆自制黄酱,先炒米之后接着炒黄豆。炒好的黄豆用石碾子碾压成面粉状,用簸箕簸去大糠,用箩子箩去细糠。碾好的黄豆粉用水搅拌后,攥成团儿装在竹筐里放在炕头的热处发酵。过半个月之后把发酵好的已发霉的酱团儿放在太阳底下晒干。到4月,将晒干的酱团洗干净后打碎放入酱缸,放入适量的水和盐搅拌后用干净的布盖住,放在太阳底下晒,这样酱才有味道。平时酱一直放在屋外。食用的过程中经常检查酱缸,以避免进雨水或蛀虫。一年四季都能食用黄酱。蘑菇,夏天下过雨之后,在原野或田地边缘长出很多白蘑菇,这种蘑菇无毒,能食用。采回来的蘑菇洗干净后,放在太阳底下晒干。晒干的蘑菇直接用猪肉或豆油和葱花炒着吃。这种菜味道鲜美,对老人来说是上等的下酒菜。"珠嘎",即榆钱。过清明以后,"珠嘎"开始长出来,用"珠嘎"做菜味道极美,但"珠嘎"老了以后就不能食用了。

(3) 咸菜,对宝楞嘎查村民来说咸菜是日常生活中必不可少的家常菜。蒙古族跟汉族一样口味重、偏爱咸,一日三餐、贫家富家皆备有咸菜,由此可知咸菜在村民的食谱里占有重要位置。几乎每家每户每年都有腌咸菜的习惯。一般在秋季9月腌咸菜。腌咸菜的原料有很多种。豆角、黄瓜、蔓菁、圆白菜、胡萝卜、辣椒、韭菜、蒜都是腌咸菜的主要原料。除了蔓菁需要单独腌以外其他多种蔬菜都能一起腌。把蔬菜洗干净后放入干净的菜缸里放多一点的盐之后上面用大块的很重的石头压住。咸菜缸一般放在没有取暖设备的位置,以防腐烂。酸白菜、咸菜、黄酱、韭菜花成为宝楞嘎查村民在过冬的不可缺少的菜种,使他们在没有新鲜蔬菜的情况下也能吃上美味佳肴。宝楞嘎查村民的独具特色的美味佳肴叫"刮子",也是一种咸菜类菜肴。制作方法是:野鸡或兔子肉煮烂后连肉带骨头剁碎,然后与剁

第四章 社会生活

碎的咸菜一起再煮熟即可，按照自己的口味添加调味品。现在禁止打猎之后村民一般用鸡肉制作"刮子"。"猪头焖子"也是该嘎查村民菜谱中的一种很好吃的凉菜类佳肴。是把猪头肉或猪蹄子肉切碎煮烂后，由汤和肉自然凝固而成的，食用时撒点大蒜泥更为好吃。一般在过年时多吃"猪头焖子"。

5. 饮品

宝楞嘎查村民的饮料种类不多。

（1）茶饮料，是宝楞嘎查村民最明显的饮食标志。不管男女老少都有喝茶的习惯，多喝红茶。调查发现，几乎全部村民每顿饭都离不开茶水，采访组进入每家每户时村民首先给我们沏红茶。采访中了解到村民中一般老人们已经喝茶成瘾，对茶有极大的依赖性，每次放茶量多，大约放茶杯的1/5，非常浓，一般人喝不下去。老人们说，"宁可一日无饭，不可一日无茶"。不管多劳累喝上一杯浓浓的红茶马上精神起来。每户人家除了小孩以外都各有自己的茶杯，其他人不能随便使用。不喝过夜的茶水，无论多浓或一点也没喝过，第二天早晨都得倒掉，重新沏茶。家里来客人或左邻右舍亲朋好友，首先沏杯红茶招待客人。在每户家庭的日常消费当中买茶的消费占大多数。村民几乎都不喝奶茶，有一两户家庭偶尔喝奶茶，平时也不习惯喝。

（2）奶饮料，宝楞嘎查村民一般有喝生牛奶、熟牛奶、酸奶、艾日格的习惯，没有饮用或食用羊奶的习惯。村民平时都把牛奶煮熟以后喝，把牛奶倒在锅里用慢火煮，如火太大牛奶就会有一种煳味儿，不好喝。牛奶烧开后立即出锅。有时直接喝，有时放点炒米喝。有的人爱喝酸奶。鲜牛奶过一两天后自然凝固成酸奶。酸奶比较酸，所以小孩儿只吃酸奶上的奶皮子而不爱喝酸奶，老人和妇女都喜欢喝酸奶。艾日格，有几头母牛的家庭平时总有酸奶子盛放在酸奶缸里，凝结后的奶逐渐析出的淡黄色奶水，就是艾日格。没有牛奶时村民经常喝艾日格。据当地村民说，喝艾日格能解酒。

（3）酒。宝楞嘎查虽然是半牧地区，但没有酸奶酿制的奶酒，饮用的都是烧酒。由于酒有驱寒、解除疲劳之功能，因而村民们都喜欢喝。妇女和孩子不喝酒。老人和成年男子，一般每顿饭都喝一点酒，但量不多，每顿1~2两烧酒。村民一般爱喝散酒，价钱实惠酒劲又大。不管是夏季还是冬季都得用开水烫酒后才喝，据说喝烫过的酒不上头。吃早点时也炒菜喝酒，这样干体力活有劲。当农民干农活回来累得疲惫不堪时，喝上几两，又暖身又解乏，也算是一种享受。

6. 奶食品

宝楞嘎查蒙古族的奶食品品种有鲜牛奶、乳油、奶豆腐、奶皮子、黄油等几种。

（1）鲜牛奶。宝楞嘎查蒙古族习惯喝牛奶，牛奶是奶食品的主要奶源。挤奶时先放牛犊吸吮，诱使乳牛下奶后方可挤奶。一般早晚两次挤奶。夏季中旬至秋季中旬为旺季。

（2）酸奶。蒙古语叫"额德申苏"。凝结的奶逐渐变成一块，并从凝奶中分离出来淡黄色的奶水，此时的凝奶其酸率大大增加就成为酸奶了。

（3）乳油。蒙古语叫"乌日莫"。把鲜奶倒入搪瓷盆、陶盆或木制奶桶中，在温度为20~30℃的房间内放6~8小时后，奶液逐渐变成凝奶。奶液凝结后上面浮有2~3厘米厚的黄色的凝固物即为乳油，用勺子把乳油取出后放入粗布口袋里保存。乳油可以直接食用，还可以加工成黄油。

（4）奶豆腐。蒙古语叫"呼如德"。把凝固的酸奶倒进锅里，加火煮熬。然后用勺子陆续舀出上面的黄色的酸水，这种水当地蒙古族也叫艾日格。最终锅底剩下白色的稠物，用勺头再次挤压，把水分完全去掉后，装入专门制作奶豆腐的模型里，压平之后，等候几分钟抠出。晒干之前的叫"额哲盖"（软奶豆腐），晒干之后的叫"呼如德"（硬奶豆腐）。

（5）奶皮子。蒙古语叫"哈塔森乌日莫"。一般在秋季末冬季初做奶皮子。铁锅里倒进生牛奶，用慢火烧开以后，用勺子反复扬牛奶。扬大约半小时，直到烧开的奶不出泡沫以后停止扬牛奶。在火盆上放半天以后把锅挪离火盆。第二天早上就会在熬过的牛奶上面，结出一层厚而多皱的表皮，这就是奶皮子。用小铲子慢慢分开奶皮子和牛奶。将奶皮子装在竹筐子里放在阴凉通风处晾干，忌在太阳底下直接暴晒。奶皮子产量不多，常常在招待客人时摆在桌上。烧开的牛奶与炒米一起搅拌着吃或倒进酸奶缸里储存。秋末是牲畜正抓膘的关键时期，所以只是早晨挤一次奶，以免影响牲畜抓膘。

（6）奶渣子。蒙古语叫"额吉格"。制作奶豆腐时分离出的奶水放入锅里，用文火烧开，晾凉后将奶水再分离出来，锅底剩下的白色沉淀物，用手攥抓晒干后也是一种美食，这叫奶渣子。

（7）黄油。村民每天把酸奶上的"乌日莫"放到一个孔很细小的、很细密的白布做的网兜里，挂在阴凉的地方。这样"乌日莫"不容易坏且便于水分流出。"乌日莫"攒多以后，放入盆里用筷子或木棒慢慢搅动。通过不断的搅动，最终从奶皮子中分离出白色的液体和黄色的稠物。把黄色的稠物过滤好以后放入锅里就可以炼油了。开锅以后，慢慢搅动，同时让火势慢下来，渐渐分离出黄油和沉淀物。用勺子慢慢把黄油舀出倒入小缸或罐头瓶里放在阴凉处。黄油分离出去后剩下来的呈黄色或白色的沉淀物叫黄油渣，蒙古语叫"珠和黑"，或"楚楚黑",由于过于油腻一般和炒米搅拌着吃,据说黄油渣不但食之味美,且有解毒、败火、清肺等功能。

现在随着宝楞嘎查村民的牛的数量减少,传统的奶食品的种类逐渐减少。采访时发现村民布仁白拉家里储存有鲜奶、奶豆腐、黄油等种类及数量不多的奶食品。问及原因时布仁白拉讲:"我们村大多数人不养牛了,他们想吃奶食品时都从市场上买。我家一方面自己爱吃奶食品,另一方面养的牛算多一点的,所以制作点奶食品卖钱,也可以增加经济收入。"

(二) 饮食礼俗

1. 饮食的基本特点

据别德琪琪格老人介绍,宝楞嘎查蒙古族习俗由于其半农半牧社会经济的特点,不仅体现了农耕习俗文化,而且同时体现了游牧文化特点,饮食的风俗礼仪更是丰富多彩。

(1) 宝楞嘎查村民与汉族农民一样饮食以粮食作物为主,五谷杂粮样样都吃,吃法多种多样。同时作为牧民,宝楞嘎查村民也保留着游牧民族饮食奶食品的一些习俗。这种习俗对人体的营养价值很高,可以满足人体的各种营养需要。

(2) 讲究适量饮食。家里的男女老少都提倡少食,反对暴食。虽然主家劝食劝酒很热情,但客人们都没有暴饮暴食的恶习。老人们也经常教诲孩子养成良好的饮食习惯。

(3) 一家人共同就餐时把食品分成几份,每人一份,用份餐制形式进餐。如进餐时家中某一成员缺席,会留出给他的那一份。合理搭配和适量食用肉食等高热量食品,养成适量食用饮食的良好习惯。同时适量准备饭菜,避免出现浪费,也讲究卫生。有些家庭的每位成员都有自己固定的用餐器具。

（4）重视饮食新鲜、有营养又可口。特别是在祭祀天地、招待客人或老人、伺候病人时讲究新鲜的饮食，只有这样才能表达对他们的虔诚和敬重之情。

2. 饮食的风俗礼仪

宝楞嘎查村民通过饮食风俗礼仪表达他们对吉祥、平安、美好的憧憬等思想感情。宝楞嘎查主要有献萨察礼、献德吉礼、迷拉礼、互赠食品等多种饮食礼俗。

（1）献萨察礼。献萨察礼是一般在举行庆典、集会、婚宴之前敬献天地祖先的仪式。饮酒时用右手无名指蘸杯中酒向天地弹三次。第一次敬献苍天，第二次敬献大地，第三次敬献祖先。在吃肉或吃菜之前主人会拿上三小块抛向天空。出远门或搬进新家时也举行献萨察礼。用勺把牛奶向出门人起程的方向洒三次。每家每户进餐之前饮食的最上面的部分献给祖先。酒刚开瓶之后倒在酒盅里，饭和菜出锅之前往碗里夹一点，到屋外恭敬地站立并整理衣帽用右手虔诚地举行此礼，表达对天地祖先的真诚。自己饮酒时用无名指向天弹三次也表示对天地和祖先的敬重之意。

（2）献德吉礼。饮食的最初部分称之为德吉。宝楞嘎查村民平时在家里进餐时把饮食的德吉首先献给祖先，然后进献给长辈或贵客，以此表达自己的恭敬之意。如果长辈们有事在外时需等候长辈，长辈来不了时把饮食的最初部分留给长辈，然后再进餐。在婚庆或聚会等公众场合，必须以年龄的长幼和地位的高低敬酒或倒茶盛饭。献德吉礼时进献者整理衣帽，用双手把茶饭先端给对方，对方也用双手接收，禁忌单手或左手进献给对方，也禁忌对方单手接收。

（3）迷拉礼。迷拉礼与萨察礼截然不同。萨察礼敬献给天地或祖先等抽象事物，但迷拉礼是把饮食品的德吉敬献给最喜爱的事物或牲畜和幼儿等实物以此表达衷心祝福的习俗。迷拉礼是通过饮食品表达自己对新人、新开端的思想感情，达到勉励和教育的目的的文化现象。对幼儿的迷拉礼是指长者对新生儿进行的迷拉礼。新生儿过三天或过七天或过满月时，长者用右手无名指蘸奶油或奶子，涂抹在婴儿的前额中间或头顶上，不停地口诵"长命百岁一生无忧，像明亮的星星一样永远闪烁，像不灭的神灯一样永远光明"等祝颂词，不管男孩女孩同样祝福孩子茁壮成长。对牲畜的迷拉礼是对羊羔、马驹、牛犊等刚生下的子畜进行迷拉礼，村民用无名指蘸取牲畜的初乳，涂抹在子畜额头上，口诵"千马之上，万马之首"等祝颂词表示祝福。有时对赛马也进行这种迷拉礼。对生活用品的迷拉礼，是对新买来的锅、水桶以及多年使用的斧子、刀子等生活用具用奶食品和酒的德吉（最初部分）进行的迷拉礼，村民口诵"满锅肉食品，让人真高兴；满缸奶食品，美味洒满家"等祝颂词，祝福生活更加富裕、更加美好。

（4）互赠食品。用饮食食品作为礼品相互赠送、相互祝福是宝楞嘎查村民的普遍生活习俗。他们认为过年过节去亲戚朋友家做客时，空手去别人家是很不吉利的一件事。所以带点黄油、奶皮子、糕点、酒、茶叶、水果、牛肉、羊肉等饮食品去做客。一般情况下一种礼品来回周转好几回。有时出现自家送出去的礼品返回到自家的现象。这种互送食品的方式可以交流感情，使得亲戚朋友、左邻右舍之间的感情和友情越来越亲密、和谐。

（三）饮食禁忌之俗

据宝音特古斯老人介绍，由于村民的喜好和信仰等精神生活等因素，享用饮食过程当中保留着大量的饮食禁忌之俗。

1. 避讳食用变脏的食物

认为变脏的食物有以下三种情况：凡变质、污染或制作过程中不卫生的食品，都被视为是变脏的食物，禁忌食用；凡偷盗、抢夺或骗取的饮食品，都被视为脏物，食用后反而对自己有害处，因此禁忌食用；凡因各啬而引起他人的贪馋的饮食品，被视为渗入他人的馋欲而以吃不下或难以消化等理由禁忌食用。

2. 奶食品禁忌之俗

村民把奶食品当成一切食品中的珍品来看待，往往用奶制品做饮食的德吉，所以有许多禁忌之俗：忌讳把奶食品有意无意倒洒，否则会受到苍天的斥责；忌讳不洗手挤奶或制作奶食品；忌讳把奶食品与肉食一起食用；忌讳在奶食品中放盐、酱食用；忌讳把奶食品与葱、蒜、水果一起食用；忌讳跨过奶食品；禁忌狗、猫之类的家畜靠近奶食品；忌讳扣放奶食品的器具。

3. 肉食品禁忌之俗

禁忌食用病死的畜肉、被狼咬过的牛羊肉、怀胎的牛羊肉、马肉、驴肉、猫肉、狗肉；禁忌孕妇食用马肉和驴肉；禁忌食用黑毛羊和蓝毛羊的羊肉，否则旧病复发；儿童忌讳食用牲畜的骨髓、脑子，否则会成为流鼻涕的孩子；忌讳食用牲畜的单耳、单眼，眼睛和耳朵都是双的，单吃不吉利；年轻人和儿童忌讳食用猪脾，否则脸会变成猪脾

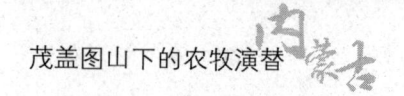

脸；忌讳儿童食用猪蹄子和下巴，食用猪蹄子长大后会变成懒汉，食用下巴长大后会口舌不利索。

4. 饮食禁忌之俗

进餐时忌讳倒洒饭菜，否则会受到苍天的惩罚；忌讳敲打餐具、倒放饭碗，这样很不吉利；忌讳进餐时狼吞虎咽，否则消化不好；忌讳进餐时边吃边唱歌或说闲话；忌讳进餐时拿着碗来回溜达；忌讳盛饭时从饭锅中间开始盛；忌讳筷子插在饭上，这样不吉利；忌讳进完餐时饭碗里有剩余部分，必须全部吃完。

5. 饮品禁忌之俗

禁忌小孩儿饮酒；忌讳斟酒时斟不满；禁忌饮完酒后酒杯倒放；禁忌喝多酒后吵架打架。蒙古族在饮茶时有很多禁忌习俗：忌讳用别人的茶杯喝茶；斟茶时，茶碗不能有裂纹，一定要完整无缺，有了豁子被认为不吉利；倒茶时，壶嘴或勺头要向北向里，不能向南（朝门）向外，因为向里福从里来，向外意为福朝外流；忌讳茶倒得太满，也不能只倒一半；忌讳用手献茶的时候，手指蘸进茶里；忌讳给老人或贵客添茶的时候，不把茶碗接过来直接添，让客人把碗拿在手里；忌讳在敬献德吉之前倒新熬的茶喝；等等。

（四）饮食器具

银碗：蒙古族喜用银碗。银碗的外面都刻有花纹。传统的云纹、犄纹、回纹和素朴变形的花草枝蔓，顺着器形回旋周转，显得生动活泼，虚实有致。

葫芦：瓢，舀水用具。

茶肚子：烧水用的水壶，分为铁做的平底茶肚子和圆形茶肚子。

图4-16 茶肚子

图4-17 斯楞

斯楞：烫酒用具，每顿饭前在斯楞里烫酒，一般装二两，村民说"斯楞"的意思是从汉语的"四两"演变而来的。

茶杯：用较厚的瓷器茶杯喝茶味道好，杯子都有柄，这样不烫手。一般不用玻璃杯。

大水缸：储存水的器具，每家都有储存水的习惯，隔两三天清理一次水缸。

乳桶：乳桶有木制、铁制、铜制、皮制数种。有的木制乳桶呈圆柱形，高约1.5尺，中间有一道箍，加盖；有的两边各安一木把；有的没有木把。铜制和铁制的乳桶呈圆柱形，桶的两端、中间部分、把手处均镶有花纹，既美观又结实耐用。更考究的为镶银乳桶，现该嘎查保存有一镶银乳桶，上部镶有两个菱形花纹，下部镶一菱形花纹，别致新颖。乳桶亦有皮制的，蒙古族喜把马奶酒装在大皮囊中，蒙古族的大皮囊用剥下的整个牛皮制成，可盛300公升。

瓦罐、陶器：瓦罐、陶器等敞口容器是蒙古族置奶的器皿。

浩宝：从水井里打水的器具，圆形底座，有木制的，也有铁制的。

饭桌：每户都有饭桌。用木头做的有四条短腿，长方形，桌下设有抽屉，里面放茶盒、烟袋等日常用具，放在火炕中间。进餐时家人围坐在饭桌周围，盘腿坐着吃饭。最近有的嘎查开始使用圆桌，坐在凳子上进餐。可老人们仍然坐在炕头上进餐。

陶高：大铁锅。陶高放在用砖头砌成的灶上，用来煮饭或烙饼。

铜勺、铁勺：铜勺、铁勺均有两种形状。一种呈圆形，容积较小，一种呈椭圆形，容积较大。

焖锅：锅里有两层蒸笼，底下煮饭上面蒸馒头或包子。

平锅：平底的铁锅。专门烙饼的器具，村民一般烙"海木格"（荞麦面饼），这种锅热量均匀适合烙饼。

火炉：炉子是做饭和取暖的重要器具，有用砖头砌成的火炉子和铁制的火炉子两种。炉筒也是取暖的主要用具。火炉子和炉筒安装不合理，会导致火炉子不热或冒烟。

火锅：本村没有鸳鸯锅，由于大多数村民不喜欢吃辣，火锅不用从中间分开。有陶瓷火锅、铜制火锅、铁制火锅等种类。锅中间有烟筒，底部有烧火的小灶，烧锅时不能从底下直接烧火，而是把烧到七成的木炭从烟筒里放入，陆续放到锅烧开为止。锅里肉和菜煮熟后饭桌上放一块木板，上面放火锅，开始食用，而不是边吃边加菜和肉。

案板：一般用大树根部分锯下来作案板，有的使用时间长了往下凹也不愿意扔掉，据说这样老的案板上切的菜好吃。案板上主要切菜、切肉和剁馅儿。擀面的案板主要用木板制作，面板不能作菜板用。

饸饹床子：制作荞麦面饸饹的器具，分为木制的和铁制的两种。一般为一米多长，底座较粗且重，这样才能把床子固定住，中间有三公分左右的压面孔，孔底钉上有很多小孔的铁片子。床子底一端和压板的一端连接，穿上轴子，能上下活动。对准底座上的压面孔，压板上安上直径约三公分，长约四公分的木头作为压面工具。

套日：网。套日有两种，一种是过滤牛奶用的器具，用铁丝和药布制作的勺子形状且有把的器具，挤完牛奶以后把牛奶倒进盆里时用套日过滤一下牛奶里面的杂物。另一种是用铁丝编成的烤牛肉或鱼肉的套日。一般选较结实的铁丝，否则长时间在火上烤很容易熔化。

坠利：漏勺。饭煮熟后捞上来的器具。

(五) 燃料

通过调查采访了解，宝楞嘎查村民取暖和做饭时的燃料主要有木柴、干草、牛粪、玉米棒、秸秆等。现在烧煤的家庭也多起来了。

(1) 木柴：村民每年冬天上山砍柴。每家每户每年需要用两三大车木柴。宝楞嘎查东北方向有一片山区。这片山是主要木柴的获取地。村民一般赶着牛车上山砍伐木柴，山路坡度较大，所以下山时必须在车后面拉一根绳，拖一捆木柴，这样才能减慢车的速度安全地下山坡。木柴拉回家后堆在院子的北侧或西北角，这样容易被风吹干，以便使用。一般今年砍的木柴，第二年才能烧。用木柴烧火火比较大，所以用来生火炉子取暖或烧水做饭。还有一种木柴叫"呼珠拉"，是山上被砍伐掉的树的根。用撬棍或铁锹挖出来晒干后即可作为柴火。"呼珠拉"，只用于火炉子，火的热量可以跟煤炭相媲美。使用木柴之前必须用斧子剁短或用锯子锯短后才可以使用，所以每家做饭之前都锯木

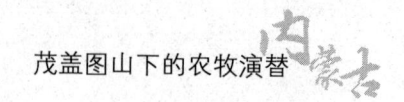

柴，锯好的木柴放在较大的竹筐里，以备第二天使用。走进每一户农民家都能看到火炉旁放着一大筐木柴火。

（2）干草。村民到12月收完粮食后开始忙于搂柴火也就是搂干草。有专门的搂草工具，叫"耙子"。每家每户在院子里边都有干草柴火堆，有的人口多的家庭的柴火堆很高很长，别人看了以后很羡慕。干草主要在灶里烧。人口多的家庭都在大铁锅里煮饭。灶和火炕是相互连通的，在灶里做饭的同时烧热火炕，一举两得。有的家庭火炉子和火炕相互连通，烧炉子的同时也能烧热火炕。生炉子时必须先点燃干草，这样木柴或牛粪才能烧起来。20世纪90年代以前木柴和干草是宝楞嘎查村民做饭取暖的主要燃料。但20世纪90年代之后，宝楞嘎查禁止在野外砍伐木柴和搂干草以后，本嘎查村民就以牛粪、苞米棒子和秸秆为主要燃料。

（3）牛粪。把牛粪从牛圈里运出来堆在宽敞的地方晒干。晒干后运到木栅栏里统一堆积。自家的牛粪不够一年使用的，就得拾牛粪。拾牛粪有野外堆积和带车拉回两种方式。野外堆积时不用带牛车，单独一人拾好的牛粪不是马上运回家里，而是找个显眼的地方堆起来，一天下来堆成好几堆牛粪。几天过后统一运回家晒干并运到栅栏里统一储藏。每户村民都有拾牛粪的专用车厢，即大轮车上设置高约3尺的木箱或用柳树条编成的栅栏，一天可拾3车。在野外的牛粪堆虽然很多，但他们不做标记也能分辨出自己的牛粪堆，从来不偷窃别人的牛粪堆。一般前一年的牛粪第二年用，多余的可以卖出去。

（4）苞米棒子和秸秆。打完苞米以后剩下的棒子可以作燃料用。每户村民家每年所种植的苞米很多，所以苞米棒子也成为村民家所用的主要燃料之一。一般跟牛粪一起用来烧火炉子。以前大多数村民的苞米秸秆不带回家。可是禁止搂干草以后在紧缺燃料的情况下，村民每年都将秸秆运回家整齐地摆放在院子里，先喂牲畜，牲畜未吃完的秸秆当柴火烧。秸秆，主要用于烧灶，代替以前的干草使用。

（六）饮食消费及几个家庭的支出情况

据白乙拉书记介绍，在消费结构上，宝楞嘎查农牧民食品消费结构中有些村民的饮食在向方便、科学和营养方面发展。目前食品的价格一直"领涨"物价，老百姓的食品支出增长很快。改革开放初期，广大农民由于温饱问题还未得到根本解决，因此在食品上的花销比较谨慎，大部分的支出用于主食方面，基础食品尤其是粮食的消费量比较大。随着生活水平的提高，农民的粮食消费量逐渐减少，蛋奶制品和其他副食的消费量逐渐增加。油脂类、蛋类及蛋制品、豆类及豆制品、奶和奶制品、水果及水果制品的大量消费使农民的膳食结构更合理，营养更均衡。农民能根据自己的消费习惯和消费环境等来调整自己的消费行为，并能将剩余的钱用在购买食品、外出就餐及其他方面，即他们有了自由调配手中"资源"的能力。同时进一步说明在食品消费方面，宝楞嘎查村民正在由温饱型向膳食营养化、食品多样化方向转化，其营养状况有很大的改善。为了更好地了解宝楞嘎查村民一年当中的饮食消费情况，我们选出富户、较富、一般、贫困户等4户典型家庭进行了详细调查，制作出该典型家庭的一年饮食消费情况统计表（见表4-7至表4-12，表格由笔者根据调查数据制作）。

表4-7 尼日布、塔日根家（蒙古族，一家四口，两个女儿在外打工，较贫困）

项目	大米（袋）	白面（袋）	食油（桶）	蔬菜（斤）	白酒（斤）	啤酒（瓶）	茶（斤）	豆腐（块）	调味品	肉类（斤）	白糖（斤）	烟	奶食（斤）	禽蛋（斤）	瓜果（斤）	糕点（斤）
数量	10	8	5	—	—	—	4	40	—	—	—	—	—	—	—	—
价格（元）	70	60	40	—	—	—	20	5	—	—	—	—	—	—	—	—
支出（元）	700	480	200	700	—	—	80	100	100	1000	—	50	—	—	—	—

表4-8 包斯日古楞、迎春家（蒙古族，一家六口，夫妻俩、一个儿子上学、两个哥哥、老母亲，一般贫困）

项目	大米（袋）	白面（袋）	食油（桶）	蔬菜（斤）	白酒（斤）	啤酒（瓶）	茶（斤）	豆腐（块）	调味品	肉类（斤）	白糖（斤）	烟	奶食（斤）	禽蛋（斤）	瓜果（斤）	糕点（斤）
数量	20	4	10	—	60	80	80	10	—	—	—	—	—	20	—	10
价格（元）	70	60	60	—	10	3	10	3	—	—	—	—	—	3	—	3
支出（元）	1400	240	600	260	600	240	800	30	—	40	—	—	500	60	—	30

表4-9 布仁白拉、彩云家（蒙古族，一家四口，两个孩子在镇上上学，中等水平）

项目	大米（袋）	白面（袋）	食油（桶）	蔬菜（斤）	白酒（斤）	啤酒（瓶）	茶（斤）	豆腐（块）	调味品	肉类（斤）	白糖（斤）	烟	奶食（斤）	禽蛋（斤）	瓜果（斤）	糕点（斤）
数量	15	10	5	—	90	50	5	30	—	—	10	—	100	90	10	—
价格（元）	70	60	60	—	10	3	60	5	—	—	25	—	4	9	3	—
支出（元）	1050	600	300	260	900	150	300	150	50	1500	250	100	400	180	300	—

第四章 社会生活

表4-10 包金山、德力格尔呼家（一家三户，夫妻俩在毛道学校任教，孩子2岁，中等以上水平）

项目	大米（袋）	白面（袋）	食油（桶）	蔬菜（斤）	白酒（斤）	啤酒（瓶）	茶（斤）	豆腐（块）	调味品	肉类（斤）	白糖（斤）	烟	奶食（斤）	禽蛋（斤）	瓜果（斤）	糕点（斤）
数量	8	2	3	—	10	20	3	40	—	—	4	—	—	50	20	20
价格（元）	70	60	60	—	10	3	20	5	—	—	20	—	—	4	—	20
支出（元）	150	120	180	420	100	60	60	200	120	1440	80	50	300	200	80	80

表4-11 王子学、索莲家（汉族，一家六口，两个孩子、两个孙子，上等水平）

项目	大米（袋）	白面（袋）	食油（桶）	蔬菜（斤）	白酒（斤）	啤酒（瓶）	茶（斤）	豆腐（块）	调味品	肉类（斤）	白糖（斤）	烟	奶食（斤）	禽蛋（斤）	瓜果（斤）	糕点（斤）
数量	24	10	4	—	50	200	25	40	—	4	—	—	—	50	—	15
价格（元）	70	60	70	—	20	5	—	—	—	20	—	—	—	4	4	20
支出（元）	1680	600	280	1500	1000	600	500	200	300	1300	80	2500	50	200	400	300

表4-12 田阿木日、扎拉噶家（一家四口，两个女儿在读书，贫困）

项目	大米（袋）	白面（袋）	食油（桶）	蔬菜（斤）	白酒（斤）	啤酒（瓶）	茶（斤）	豆腐（块）	调味品	肉类（斤）	白糖（斤）	烟	奶食（斤）	禽蛋（斤）	瓜果（斤）	糕点（斤）
数量	5	6	—	—	—	—	4	40	—	—	—	—	—	—	—	—
价格（元）	70	60	—	—	—	—	20	5	—	—	—	—	—	—	—	—
支出（元）	350	480	—	100	—	—	80	200	100	1000	—	—	—	—	—	—

据朝格图白拉老人（原毛道小学校长）讲，虽然近几

年农民的经济收入不太景气,但农民能根据自己的消费习惯和消费环境等来调整自己的消费行为,这是城乡之间的饮食差距缩小和农村人对饮食生活方面的意识逐步提高的表现。

三 居住

(一) 房屋造型及结构

据嘎查老支部书记达胡巴雅尔老人讲,宝楞嘎查蒙古族受汉族经济的影响,很早以前就从游牧经济方式进入半农半牧经济方式,因而过上了定居生活,所以现在住的房屋不再是蒙古族传统住所蒙古包,而是完全适合于农耕定居生活的用土坯、泥土、木料和砖等材料建成的平房,蒙古语中称住房为"格日"。

据本嘎查的老人讲,在较早时有一种叫"窝棚格日",正中间设坚木为柱,用细木杆或柳树条编出圆形围壁和伞形顶,然后用黏土在外面刮泥土的窝棚。现在村民开始盖土坯房和砖房,但仍有村户在正房的东南侧建"窝棚格日",主要用于储藏粮食。后来,"窝棚格日"也前进了一步,出现"布日和格日"。建"布日和格日"时墙壁和屋顶用柳条编织,芦苇和柳条搭盖成屋,上面用黏土抹上,远看呈"合"字形。"布日和格日"的建法与"窝棚格日"大致相同,与"窝棚格日"最大的区别在于"布日和格日"的容量稍大于"窝棚格日",有成形的门,顶部有类似于蒙古包的套瑙一样的方形或圆形的顶孔。但"窝棚格日"和"布日和格日"都是用柳树条编织而成的,因此总称为"布日嘎孙格日"(柳条房子)。门由柳条编成,冬季门里挂上一层毡子防寒。"窝棚格日"、"布日和格日"都是一种最简陋的蒙古包式的临时住房。另外还有一种"希巴日格日"，用土夯筑而成的土房子，基本上和汉人的土房相同。先按房墙的宽度竖起两个夹板，把夹板固定好之后里面放质量好的黑土，放一层用木墩子夯一遍，夯成围墙后，架梁、梁上搭檩、顺檩搭椽、上铺茅草或秸秆最后涂抹黏土。这种房子盖起来省时间、劳力和钱，但房子坚固性较差，很容易损坏。所以现在已被淘汰，村民没有一户住在这种房子里。偶尔有些村民用夯土的方法建院子围墙。

我们在调查中发现，现在宝楞嘎查村民的房屋居住类型以屋顶样式分类大体可以划分为如下几种。

1. 弧顶形土房

宝楞嘎查属于干旱地区，常年雨水较少，所以采用弧顶房或平顶房，屋顶倾斜度不大。这两种类型的房屋在本嘎查最为普遍。结构特点为石头地基，围墙的底部砌一米多高的石头地基，为了防止雨水侵蚀和老鼠损坏墙底部，缝隙用水泥封堵。围墙用黑土掺杂些黏土和干草搅拌，这样垛起来的墙比起夯筑而成的或土坯砌成的围墙坚固性更强。墙的宽度约2.5尺，高度包括地基约9.5尺。松树或桦树等坚木为柱和梁，一般有9个或5个梁，连柱架梁，架梁时在围墙上弧形摆放，梁上搭檩，顺檩搭椽，上铺茅草或秸秆、黑土，最后用黏土抹平，黏土晒干之后坚固性更好，可以抵制雨水的冲刷。房屋都有房檐，防止雨水进入窗内。房子四角砌有砖柱，前后屋檐、屋顶两个边缘、烟囱都由砖砌成。所以当地村民都称其为"砖檐的房屋"。窗户、门楣为木制。这种房子在该嘎查为主体房屋类型，总数为91座，占总村户房屋数的50%左右。

图 4-18 弧顶形房屋侧面照

图 4-19 弧顶形房屋正面照

2. 平顶形砖房

这种房屋是屋顶不起脊,呈平面形,其余部位则与起脊房大致相同。平顶房的顶不是用瓦,而是用石头、细黄土和煤炉灰细渣按一定比例掺和的三合土。富户家的房屋都是砖混结构的平房。其中平顶形砖房分为两种：一种是地基为石头、围墙为土、屋顶为水泥和砖、脊梁为松木，窗户、门楣为木质结构的平顶房；另一种是全部混凝土结构，门楣为铁或不锈钢制作的平顶房。平顶形砖房适合本地区雨量较少、气候较干燥的地理特点。本嘎查这种房屋类型大约有60座，占总村户房屋数的30%左右。

3. 瓦房

因其房顶用瓦盖成而得名。瓦房的地基亦用砖或石头砌成，墙壁次者用土坯垒就，稍好者采用双层，即里边是土坯，外面用砖砌，俗称"里生外熟"，最好者是全部用砖砌成，民间称之为"混砖到顶"。墙壁之上是房架，其基本组成是梁上架檩，檩上架椽，椽上铺笆。而有钱人家的大瓦房，一般不是用笆，而是用专门烧制的方形薄片砖，俗称笆砖。也有用木板代替笆的，叫苫板。这种房屋类型占总村户房屋数的20%左右。

村民以厨房的位置为标准把三间房子分为胡袋格日和钱袋子格日。胡袋格日，意思为像袋子一样形状的房屋。三间房的门在最东边，两间屋子是通着的，东屋为厨房，中间有两根柱子，连炕，但采访期间该嘎查没发现胡袋格日。据村委会主任额尔敦毕力格说这种房屋20世纪80年代到90年代初在该嘎查存在，现在早已淘汰，无法找到它的踪影了。钱袋子格日的意思为像钱袋子一样形状的房屋。三间房的门和厨房在中间，把东西屋间隔开来，东西屋各有火炕。按传统习俗，东西两间屋子以西为贵，西屋称为上屋，东屋称为下屋。这种房屋结构是过去该嘎查房屋的典型构造形式。

（二）房屋选址、建造和落成仪式

据宝楞嘎查村民栓柱介绍，村民一般在春末夏初春耕结束夏铲地开始之前的农闲时期建新房。盖房子对于青年、全家老小来说都是头等大事。所以建新房时从房屋选址到搬进新房屋有诸多习俗礼仪。

选址习俗。主家看中房屋位置后，找本嘎查德高望重的老人或找临近嘎查的看风水先生，给他们说选址的具体位置后，让他们算一算自己选的房屋位置的福祸吉凶。有时候带上看中位置的一块土，到风水先生那里算一算。风水先生给主家指定建房位置、房屋高低、开门出水方向及上梁的时间等诸多问题。如果选址不吉利，需另找房屋位置。

求地习俗。如果选中的房屋位置是以前从来没人住过的新地段，村民认为这是风水宝地，必须向苍天大地求地。求地时用酒和奶食品敬献苍天大地，跪拜祈祷，恳求苍天大地恩赐给他们这块宝地盖新房安居乐业。

上梁习俗。在梁上系上红丝带，把脊梁抬上去架好以后，房主站在墙顶撒糖果或撒钱，由帮忙上梁的人和孩子们捡起。

盖顶习俗。当房子建到屋顶盖完，就是建新房的主要工程已经结束的标志。选好盖顶的日子后房主通知亲朋好友。盖顶的那天左邻右舍、亲朋好友都过来帮忙。男的主要是帮忙做盖房顶的重活儿，女的主要帮忙做饭做菜。盖顶标志着新房已建成。因此房主杀猪或杀牛羊招待客人。最典型的习俗为盖房顶设宴招待的同时，一定要吃荞麦面饸饹。

乔迁习俗。乔迁新居,首先进行迷拉礼。把饮食品的德吉,敬献给新建成的房屋,以此祈祷新家给房主带来好运,新家兴旺、美满幸福。搬家时亲友也要前来帮忙,主人设宴招待。亲戚朋友带着酒肉、糕点、米面、新买的锅盆前来祝贺主人生活幸福。该嘎查有搬出旧屋时选好方向搬出,临走前打掉或磕掉旧屋的土炕角的习俗。

据村民扎拉嘎呼讲,大约从进入21世纪以来这种传统习俗逐渐流逝,一种新的现象悄然兴盛。村民一般在饭店里设宴招待。给亲朋好友发请柬邀请其参加。亲友们参加宴会时不再送实物,而是送礼金。

(三)房屋修缮及更换

1. 修缮

抹墙。宝楞嘎查村民每年春季、秋季两次抹墙和抹顶。三间房的房顶、围墙的外面全部抹一次需要10车黏土和20小捆干草。干草和黄黏土搅拌而抹出来的墙坚硬度大大增强,不容易脱落。一般情况下墙皮的厚度大约为一公分左右,抹房顶时则更厚一些,为避免雨水长时间冲刷后屋内漏水。

2. 加盖屋子

以前宝楞嘎查两间房较多。据从建村以来一直生活在该嘎查的别德琪琪格老人讲,村民从山上的诺颜庙旧址上陆续迁移到现在的村址时都是两间房。20世纪80年代随着经济状况的好转,家庭人口的增加,需要盖新房或在两间屋子上接着加盖一间房。加盖屋子必须接在东面,这是因为当地蒙古族认为,西屋为贵,如果接在西面不吉利。东屋墙的高度与西屋墙的高度必须平等或稍低点,绝不高出西墙。接东屋时,必须在一年之前就垛好房屋围墙，到了第二年围墙充分干了之后才开始盖顶。盖顶时连旧屋一起全部更换，房子围墙也全部重新抹墙。这样就看不出加盖东屋的痕迹。该嘎查80%多的村民住三间房屋，20%多的经济条件好一点的住四间房屋，两间正房的房屋已经退出该嘎查的历史舞台。

3. 房屋整修

更换门窗。以前大部分村户的门窗是用木头制作的。少数人家用质量较好的松木制作，多数为杨木制作。这样经过长年的风吹雨打，很容易变形。最近，已有15家村户用不锈钢或铁门窗代替木制门窗。如果想堵住原来旧门窗位置时就在某个位置留出小孔，表示这里有过门窗。

更换屋顶。当地村民也叫上包房子。房屋建成时间较长时会出现房顶部塌陷或漏水的现象。这表明房屋质量大大降低，需要及时修缮，更换屋顶的檩、梁、屋顶铺的秸秆茅草、土瓦等一切材料。上包跟盖新房一样对每户村民来说也是头等大事，所以房屋修缮及更换屋顶时木匠活儿、抹墙等都由亲友帮忙。主家做美味的荞麦面饸饹来招待亲友。

退居。原来住的房子破烂不堪，需要盖新房子时，不用选其他位置，就在原房子位置往后退几米盖新房。村民认为新房盖在原来位置上，对家庭很不吉利，所以旧址上建新房必须往后退居，把旧房推倒铺平改成院落。

4. 房屋辅助设施与院落配置

宝楞嘎查每户房屋的背后都有大场地或树林，房屋左右两侧，辟有菜园子，房屋前面一般设养家禽家畜的圈。院子均筑围墙，以防牲畜侵害或盗贼。房屋功能齐全，配置有序。一套院四周是围墙，院门为木门或铁门，院门和住房门不是正对，而是设在偏东南方向。一般不设北门、西门和西南门。院内有住房、仓房、菜园、畜圈等。其配置视贫富有别。

仓房。盖在住房的两侧或住房的东南角。一般是两间小房子。有些村户以"窝棚格日"作为仓房。仓房里储藏粮食和农业工具及日常用具等。

菜园子。大多数村户的菜园都在住房两侧或住房东侧。菜园里都有水井或机井。菜园围墙较高,墙上都插有树杈或碎玻璃,以防被盗。园里主要种蔬菜、葵花。

车棚。为了避免车辆被风吹日晒受损坏,每家都有车棚。车棚的位置跟仓房连着。靠近仓房的右侧盖车棚,这样靠近住房的窗户可以防盗贼,高度与仓房相等。每年抹房墙和房顶时连仓房和车棚一起抹上。

畜圈。在院子东南角,紧靠着仓房的南墙设牛圈和羊圈,这样冬天暖和。冬天在羊圈和牛圈上面都有暖棚,在木架子上面铺柳条和木条及茅草,上面用大木头压住,以防大风吹走棚顶。夏天牛羊圈一般设在院外的平地上,用较长的木棍子架成简单的木栅栏,作为牛羊圈,或把暖棚拆掉,这样的畜圈比较凉爽。柴草一般堆在菜园的角落里。到春季种菜时把柴草和秸秆挪到牛羊草料(干草)堆旁。因为这时牛羊的草料已几乎用完。秋天储藏的干草堆在牛羊圈旁,方便喂草料。把冬天的冻牛粪和夏天的湿牛粪都散放在院外平坦之处。晒干的牛粪在大门左右侧设置的木栅栏里储存。在大门往东南方向10米左右的粪坑里储备大量猪粪、羊粪,春天发酵之后作为肥料使用。猪圈设在院外,狗窝和鸡窝设在住房窗户附近。

厕所方位。本嘎查大多数村户使用简易厕所,比如,在牛圈或羊圈里方便,少数村户有专门旱厕,一般在院南

10 米处。

5. 房屋内部功能划分及其象征意义

通过调查了解到，宝楞嘎查村户住房大多数为三间房，东西两间为居室，中间为厨房。

居室。东西居室都有火炕，一般为土炕，多搭在屋后方。炕头高度为2.5尺、宽为（包括炕沿）5.5尺。炕沿宽6厘米左右，用柳木制作，因柳木较软对衣服磨损小。制造一间房的火炕需要300块土坯子。炕上铺竹席子或塑料。以前大多数村户的居室的家具摆设大致相同。家家都有一张四条短腿的长方形饭桌，长年累月放在炕上。火炕西侧摆放炕几，里头装一些衣物，上头叠放被褥。看起来很整齐、干净。年迈的老人的被褥不需要叠在炕几上，而是为了方便在火炕东侧卷起来放置，以便老人随时休息。为了夏天凉爽考虑，每家每户都有北窗户。北窗户比较小，夏天敞开，冬天用木板或砖堵住。居室门都是往里开的，门上挂着绣有各种花纹的门帘子。门上头的墙上挂着祖先的照片，有的家挂成吉思汗像，上面挂上蓝色的哈达，表示敬重之意。居室西侧摆放红躺柜和被阁等，柜子没有底座，所以柜子底下做大约40厘米的木架子，作为底座。柜子中间信佛教的家庭恭敬地摆放佛像和祭祀用品。西南角放收音机和缝纫机。柜子上还摆放收音机和有各种花纹的小盒子，里面装女人用的针线之类的日用品。柜子上面墙的中间位置挂自鸣钟（挂钟），两侧挂镜子和相框。镜子和相框都是成对的，中间放两面镜子，外侧放两个相框。相框里整齐摆放男女老少各家庭成员的照片。客人来后首先欣赏的就是相框，所以相框装饰得很精美。过年时在墙上贴各种年画。大部分蒙古族不贴对联。屋内做顶棚，即用木条或秸秆搭成棚架，上面贴报纸或画纸。过年过节时用白灰刮泥子，使屋子变得干净美观。

图 4-20 沙发的摆设

图 4-21 钟的摆设

图4-22　旧式客厅布局

图4-23　新式客厅布局

图4-24　火炕

第四章 社会生活

图 4-25 家具的摆设

厨房。当地蒙古族叫"嘎达格日"。意思为居室之外的屋子。灶设在与居室隔墙的后厨房里，跟火炕通连，多为砖砌，较富裕的村户用瓷砖贴面。灶上面放大铁锅，以大小分成 3 斗、2 斗、1 斗 5 升大锅，如果铁锅被损坏或锅底有裂缝，可以把旧铁锅当成火盆使用。火盆是很早以前宝楞嘎查家家户户的重要取暖工具。把烧尽的灰烬放在铁锅里，然后将铁锅放在火炕上，老人小孩一家人围着火盆取暖。现在使用火盆的村户几乎没有了。厨房北侧放橱柜和水缸等。橱柜高 1.5 米左右，宽 1 米左右，门往两边开，里面主要放碗筷、盘盆之类的东西。有些家庭没有橱柜，而用"萨日嘎"，即用木板在墙上做几层木架子，上面放碗之类的食器。

最近几年有些家庭的生活用品在 30 年当中更换了好几个档次。组合家具由高到矮，由简朴实用到豪华气派，旧三件——自行车、手表、缝纫机，逐步发展到电扇、收音机、彩色电视机、DVD、洗衣机、电冰箱、音响、

图 4-26　厨房

图 4-27　厨房的布局

电脑,甚至有的家庭有了私人轿车。居室布局和摆设较以前有很大的变化。在每家每户很少看见大型收音机、缝纫机、相框、躺柜等生活用品,村民生活越来越向城市生活靠近(见表4-13)。但大多数家庭仍然处于用灶做菜的状况。

表 4-13　宝楞嘎查典型村户家庭生活用具统计表*

单位：元

生活用具 户　主		电视机	录放机	电冰箱	洗衣机	电　话	手　机
吴吉日嘎拉	购置年份	1998	—	—	1989	—	2007	2006
	价　格	950	—	—	350	—	360	230
少布	购置年份	1995	—	2000	2000	—	2003	2001
	价　格	3000	—	1200	1200	—	1300	1200
小巴德玛	购置年份	2001	2003	—	—	2004	2007	2005
	价　格	330	200	—	—	100	200	300
图门乌力吉	购置年份	1993	—	1996	1990	—	2002	2005
	价　格	1200	—	1700	400	—	1300	260
田阿木日	购置年份	2007	1993	—	2005	—	2007	2007
	价　格	600	300	—	100	—	600	200
马吉日嘎拉	购置年份	2004	1993	2000	1992	1998	2004	2005
	价　格	450	450	1800	800	1150	1300	380
色音毕力格	购置年份	1999	—	2007	1997	1999	2006	2005
	价　格	2700	—	2600	1400	200	2300	300
宝林	购置年份	1991	—	—	2005	1999	2002	2002
	价　格	2500	—	—	800	300	2000	300
鞠云龙	购置年份	1995	—	2005	—	1997	2003	2005
	价　格	1550	—	2100	—	800	1600	380
包金山	购置年份	1986	1985	1998	1987	2000	2000	2006
	价　格	2100	550	1850	230	1000	1200	320

＊本表由笔者格根据调查数据制作。

6. 家庭成员的居住规则

宝楞嘎查每户家庭住房的分配，体现着家庭成员之间的尊卑、长幼关系,住宅以西为贵。一般而言家长居西,儿女子孙居东。

7. 房屋支出

据嘎查主任的介绍,2007年,随着党和政府一系列惠农、富农重大政策措施的贯彻落实,扎鲁特旗农村牧区经济综合实力逐步提升,但该嘎查畜牧业和粮食产量提升不明显,农牧民收入仍然滞留在20世纪90年代的水平,甚至有些家庭不如以前。农牧民生活消费在持续增长,而跟消费相应的经济收入则增长不明显。虽然村民生活消费需求重点发生转移,开始向更高品质的吃、住、行和文化生活等方面发展,但更合理更节约的消费意识开始在农牧民思想中逐步形成。调查发现由于受经济条件的制约一些老住户仍住在老房屋中,居住条件有所改变但不明显。根据对宝楞嘎查40户农牧民家庭的抽样调查发现,大多数宝楞嘎查农牧民认为,20世纪初是村民经济状况最好的时期,有足够的资金来修缮房屋或改善居住环境。但从1996年开始连年干旱,农作物的收成一年不如一年,农业收入下滑。全嘎查80%的村户仍住在10年前的老房子里,房屋的位置和样式几乎没变。2007年宝楞嘎查农牧民平均居住消费支出为3256.15元,占一年总收入的20%。

为了更好地了解这一情况,在调查期间我们对不同经济状况的较差、一般、较好三个等级的典型村户家房屋支出情况进行了较为详细的调查,从这几个个案材料中,我们可以看出当地牧民的房屋支出情况(见表4-14)。

表4-14 宝楞嘎查典型村户房屋支出状况统计表*

户主	住房面积（平方米）	房屋间数（间）	房屋类型	建房年代（年）	总造价（元）
小巴拉吉	正房60	正房3 凉房2	土坯	1966	800
包金山	正房117	正房3 凉房1	砖构	1998	50000
尼日布	正房85	正房3	砖土混合	1988	15000
彩云	正房85	正房3	砖土混合	1990	3000
栓柱	正房110	正房3 凉房1	砖构	2002	22000
敖其尔	正房80	正房3 凉房1	砖土混合	1985	2800
吴双宝	正房70	正房4	砖土混合	1989	6000
王战军	正房84	正房4 凉房2	砖构	2004	127000
田阿木日	正房85	正房3 凉房1	砖构	2002	40000
包孟和	正房80	正房3 凉房1	土坯	1994	5000
宝音乌力吉	正房80	正房3 凉房1	砖土混合	1988	2000
鞠云龙	正房195	正房3	砖构	1996	5000
额日和	正房60	正房3 凉房1	土坯	1989	4000
包斯日古楞	正房80	正房3	土坯	1997	4000
刘额日德	正房70	正房3 凉房1	土坯	1992	2000
孟克	正房60	正房3 凉房1	土坯	1991	4000
韩哈斯	正房60	正房3 凉房1	砖土混合	2000	2000
宝林	正房121	正房3 凉房1	土坯	1987	1000
敖特	正房110	正房3	砖构	2006	30000
色音毕力格	正房110	正房3	砖构	1994	27000
布仁巴图	正房60	正房3	土坯	1988	2000
巴特尔朝克图	正房90	正房4	砖构	2000	46000
阿拉坦白拉	正房70	正房3	砖构	2006	20000
格百	正房70	正房3	土坯	1994	4000

续表

户 主	住房面积（平方米）	房屋间数（间）	房屋类型	建房年代（年）	总造价（元）
吴吉日嘎拉	正房60	正房3 凉房1	砖 构	2007	10000
图门乌力吉	正房110	正房3 凉房1	砖 构	2002	30000
韩金海	正房60	正房3	砖土混合	2000	20000
小巴德玛	正房90	正房3	土 坯	1992	3000
少布	正房120	正房3 凉房1	砖 构	1993	50000
巴图吉日嘎拉	正房80	正房3	砖 构	2001	20000

*本表格由笔者根据调查数据制作。

四 出行

（一）出行方式

宝楞嘎查农牧民在与外界进行交流和内部相互进行交往中早已有了交通工具、交通风俗。

据别德琪琪格老人的回忆，在她年轻时，该嘎查村民外出时多为徒步、骑马、骑驴、坐勒勒车。马是最主要的交通工具。外出远行者如携带品不多或山路崎岖时均骑马。骑马者以男人为多，他们出行时套上马鞍，马背上戴上"捎马子"，里边放随身携带的物品，赶往目的地。勒勒车是草原上最普遍的复合型交通工具。以前当地蒙古族用勒勒车迁徙或从盐湖拉食盐，十几辆勒勒车组成一个车队，前后相连，赶着漫漫长路。

据在20世纪七八十年代在毛道公社（当时公社所在地在宝楞嘎查）当过干部的宝音特古斯老人讲，20世纪80年代之前该嘎查没有私人的马车或毛驴车。当时公社（今苏木）领导的专用车就是马车，公社有专人饲养马和管理马车。改革开放之后私人开始有了马车和驴车。倘若外出的人较多，携带的东西也不少，就专用马套车。一般马车套一匹马，大的套两匹马。没有马的村户只有坐毛驴车出行。受汉族文化的影响，也有人出行时乘车。驴车上搭篷、有围子，冬天暖和，夏天防晒。随着时代的发展，畜力车在制造和材料上有了变化，但基本结构变化不大，现在本嘎查较为普遍使用。唯一变化是马车和毛驴车数量减少，而牛车仍然使用，以前的木制车变为铁制车，又轻便又耐用，仍然是现在没有机械车的村户的主要运输工具。当自行车刚刚进入农村时，只有苏木政府工作人员和邮递员才统一配备自行车，成为全嘎查羡慕的对象。

图 4-28　嘎查内发现的勒勒车木轮

宝音特古斯老人回忆说，改革开放以来，自行车在城乡普及，成为最主要的代步工具。每家每户都有自行车，甚至有些村户有好几辆。自行车的样式也多种多样。不仅有飞鸽牌、金鹿牌、永久牌，还出现了山地车、女式车等多种车型。

据村委会主任额尔敦毕力格讲，由于干旱或洪水的冲击，本嘎查村内村外的土地沙化严重,坚硬的便道变成沙漠。因此老百姓出行或运输的交通工具也随之改变。马和驴的数量减少,现在已几乎看不到驴车和马车。取而代之的是大小型三轮拖拉机、四轮拖拉机,有的村户已经有了汽车和小轿车。宝楞嘎查离鲁北镇20公里,304国道直接通往通辽市区、鲁北镇、霍林郭勒市等城市。以前用毛驴车或马车去鲁北镇所用时间大约一个半小时,现在用摩托车或三轮拖拉机只用30分钟。现在本嘎查周围的各个城镇和苏木、嘎查几乎都通了客运车,本嘎查不通火车所以出远门时一般都坐卧铺客车或硬座客车,极为方便。每家每户都有修自行车的全套工具。但是到了21世纪,受旱涝灾害的影响嘎查和嘎查周围的道路被破坏,无法骑自行车,自行车失去了交通工具的功能,取而代之的便是摩托车了。

(二) 出行习俗

1. 择吉

我们从该嘎查较年长的别德琪琪格老人的口述当中了解到该嘎查蒙古族的很多出行的风俗习惯。每当出远门时该嘎查蒙古族首先择日。起程时家人和亲朋好友聚会送行,祝福他们一路顺风,平安返回。路途住宿时,把帐篷门朝向目的地,每次用餐时都要进行萨察礼,祭祀天地山水,祈求路途吉祥安康。我们采访完离别时老人也深情地诵词祝福我们。

2. 禁忌

别德琪琪格老人家说巳日是12个月里最不吉利的日子,所以禁忌巳日出行;正月初七禁忌出行,正月初八禁忌返回;忌讳出行路途多看云,否则得遗忘症;出行之前禁忌跟别人拌嘴或吵架,否则办事无成;在野外住宿,忌讳头面向山；禁忌堵塞大家出行的大路。套车的马和乘骑的马不能混用，尤其是赛马绝对不能用于套车。套车的马和乘骑的马不能乱用鞭子抽打，认为用鞭子乱抽马是一种不可饶恕的罪过。老人家感慨地说："这些禁忌虽然有点迷信，但对现在的不知规矩的年轻人来讲是很好的制约，但遗憾的是年轻人都不知道这些习俗了。"

五 文化生活

1. 文化生活内容

据扎拉嘎呼（分管嘎查文化生活的干事）介绍，宝楞嘎查文化生活内容主要包括传统文化娱乐活动和现代文化娱乐活动。

（1）传统文化娱乐活动

传统文化娱乐活动也分体力文化娱乐活动和脑力文化娱乐活动。传统文化体力娱乐活动主要是赛马、摔跤。赛马是以前当地蒙古族最喜欢的体育文化娱乐项目。80年代以前该嘎查马的数量较多，可是赛马比赛不多。

图4-29 马印子　　图4-30 各种马鞭子

茂盖图山下的农牧演替

从村民包斯日古楞的介绍中我们了解到，该嘎查举办那达慕的次数很少，赛马手只能去其他周边嘎查、苏木，甚至去其他盟旗参加赛马比赛。包斯日古楞在90年代初，看中别人家的小马驹后不顾家人的反对，用一头牛换了小马驹。通过几年的调教和训练，小马驹成了周边嘎查中小有名气的速度赛马。在苏木级的那达慕大会上多次拿过冠军，甚至在全内蒙古自治区的那达慕会上在速度赛马组的赛马中取得冠军。那时扎鲁特旗旗长亲自接见包斯日古楞，所有拿一等奖的马的主人都安排工作。听了这个好消息他激动得一夜没睡。对一个地地道道的农牧民来说，在旗里上班是梦寐以求的事，但由于种种原因最终把他安排在苏木兽医站从事医务人员的工作。最后他没接受这来之不易的工作。因为一方面他不懂兽医方面的知识，另一方面他父亲在苏木兽医站工作了一辈子，没什么成就便退休了，这对他来说是很大的失望，并对兽医的职业不感兴趣。可是这匹马给主人带来了无数的荣誉和精神财富。后来随着马的年龄增大，逐渐退出赛场，最后卖给了外村的人。卖时包斯日古楞对买家提出了两个条件：一是绝对不能宰杀或转卖，二是对马一定要善待直至死亡为止。采访时他回忆起养马、驯马、赛马的往事，流下了激动的眼泪。他说："我一辈子也忘不了那匹马，每年正月初六那一天那匹马都会回到我们家看望我们，每次来时我们都喂它最爱吃的料。"在包斯日古楞的马之后宝楞嘎查再没出现过好的赛马。采访结束时他很感慨地说："这匹马也算是我们嘎查的第一匹赛马，也是最后一匹赛马，我感到很遗憾。"

随着社会和生态环境的变化该嘎查马的数量也逐渐减少，现在就剩下一匹马了。谈论赛马的人也少了。赛马的传统文

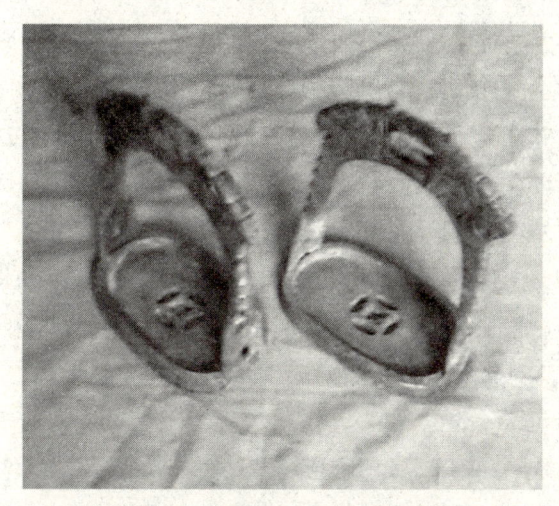

图 4-31　包斯日古楞用过的马镫子

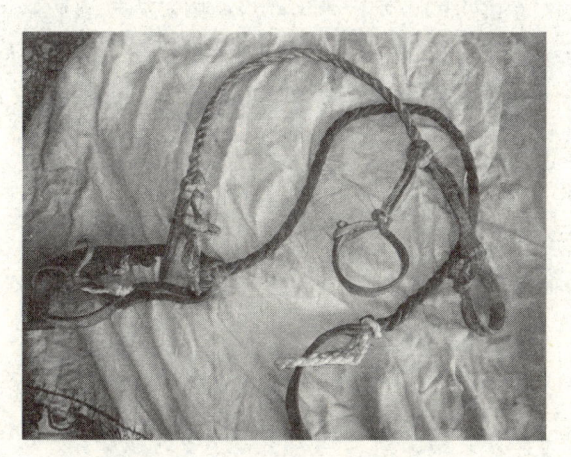

图 4-32　包斯日古楞用过的马绊

化在该嘎查渐渐消失。

在宝楞嘎查虽然没出现过好的摔跤手,但该嘎查的年轻人都喜欢摔跤(蒙古语为"博克")。以前在学校的小型运动会上设有摔跤项目。当时旗体育总局会从中学生里选拔摔跤手或举办全旗中学生摔跤比赛。这激发了学生的对摔跤的极大兴趣,体育课或课外活动期间都两三人聚在一起摔跤。年轻人吃完晚饭后,也在门前的沙地上举行摔跤比赛。这是因为那时没有通电、没有电视机,所以没有其他娱乐活动,只能在户外玩耍或摔跤。

脑力文化娱乐活动中包括棋类项目、牌类项目、儿童类项目等三大类。棋类:吉日格,宝楞嘎查男女老少都会玩吉日格。吉日格有"包跟吉日格"和"十二个吉日格"两种。"包跟吉日格",由两个人玩,一个人拿狗(用小石头子或杏核来代替),共有二十四条狗;另一个人拿鹿(用大点的石头子或桃核来代替),共两只鹿。棋盘主体是正方形,两侧有两座山,一座三角形、另一座正方形。两只鹿分别摆放在两座山和正方形棋盘的结合点,面对两只鹿,在棋盘上摆放八条狗。主要玩法是鹿吃狗,狗阻挡鹿的路线。鹿走一步,对方摆放一条狗,鹿吃完狗或狗完全堵塞鹿的路线的一方胜出。鹿跳出,一条狗就算被吃。"十二个吉日格",也是由两个人玩,但玩法跟"包跟吉日格"不同。"十二个吉日格"的棋盘是由内外大小不同的三个正方形组成,把三个正方形的四角和四面的正中点连接而形成棋盘。玩的双方各拿十二条狗(两种狗必须形状不一致,一方用杏核,另一方用石头子),一开始每条狗轮流摆放,谁的三条狗排在一起,就拿掉对方的一条狗,十二条狗都摆放完之后走动棋盘上的狗继续玩,哪方最先剩下两条狗哪方就主动认输。

牌类:宝楞嘎查村民以前过年过节不玩麻将,而玩"吉仁牌"(六十个牌)。不玩钱,纯粹是娱乐性的。共有六十个牌,用木头制成,一厘米厚,两厘米宽,每个牌的表面打 2~12 个不同数字的眼,涂各种颜色。各有自己的名称,比如打 4 个眼的叫"板凳",打9个眼的"斜九",打12眼的叫"大天十二"等。四个人玩"吉仁牌",分两组或单独玩,用赢来的牌盖房子,谁盖的房子最多谁赢,所以当地人也把"吉仁牌"称为"盖房子玩"。

儿童类:该嘎查的传统儿童类娱乐活动种类很多。典型的有"夜里战斗"、打钢圈、玩玻璃球、"阿日嘎"等。

"夜里战斗"。是以前宝楞嘎查孩子们的唯一一项夜间娱乐活动。全嘎查孩子们分成西村、东村、北村三组,每组由10~20名孩子组成,都用弹弓做武器,在组长的统一领导和组织下互相战斗,是一种略有危险性的游戏。每到夜晚,各小组在各个胡同里布置好力量,把对方引进来"剿灭"他们。第二天上学时孩子们谈论昨晚的"战斗"情景相互逗乐。虽然玩时有不许直接射击对方的规定,但偶尔也会出现被打伤的现象。

打钢圈。以前宝楞嘎查里的道路很平坦。孩子们放学后,十几个孩子聚在一块,分成两组,每组成员都拿着木棍或木墩,相隔60米左右,举行打钢圈比赛。钢圈直径5厘米,打手把钢圈抛向对方,对方把飞速滚下来的钢圈在下降途中打掉。在打掉的距离上画条线,每画一条线前进一步,对方后退一步。根据占领道路的长短决定胜负。

玩玻璃球。玩玻璃球的大多是5~10岁的孩子。在平地上挖出相距一米的小坑。两个人从一个坑向另一坑用大拇指射球,哪一方的球落到离坑最近的地方,哪一方先进坑,进坑方再"杀"对方的球,打中对方的玻璃球,就算"杀死"了对方,收回对方的玻璃球。如俩人都进了坑,那就两个人轮流追杀,打中为之。有时用钢球代替玻璃球玩。

"阿日嘎"。"阿日嘎"是用牛脚踝骨加工而成的玩具。

为了玩时保持平衡，要在骨头的中间打一个孔，在里面灌铅。这样玩时很顺手。一般由3~4个人玩，每个人带很多"砂嘎"（羊脚踝骨）或子弹壳（据说当时有很多子弹壳），每次玩之前每个人拿出自己的"砂嘎"或子弹壳整齐地摆放成一排，4个人依次抛出"阿日嘎"，谁抛得最远，谁第一个用"阿日嘎"抛射摆放的"砂嘎"，打中几个赢几个。如果谁也没打中，与摆放的"砂嘎"最近者开始射，依此类推。但往回抛射时，没超过"砂嘎"线者，最后抛射。

冰车。把两个铁片固定在木板上组成冰车。调查期间，我们在腾岭河桥底下发现了冰车。据陪同调查人员扎拉嘎呼说，以前孩子们玩完冰车后都带回家，现在随着玩的人越来越少，孩子们随意放在某处，以便再玩。

图4-33 在腾岭河桥底下发现的冰车

（2）现代文化娱乐活动

看电影。据阿拉坦胡乙嘎（以前从事电影放映工作者）介绍，1987年嘎查通电之前，看电影是嘎查男女老少的主要文化生活内容之一。全苏木只有一个放映队，在各个嘎查轮流放映。一个月1~2次。所以嘎查老百姓对电影的渴望非常强烈。不管什么电影，只要没有下大雨、刮大风都会从头到尾看完。一开始村委会出资给老百姓看电影。后来发展到孩子过满月、老人过寿、结婚等庆典上都由嘎查老百姓自己出钱给大家放电影。谁家出钱放电影就在谁家门前放映。放映前主家通过喇叭给大家说几句祝福的话语。看电影对村民来说也是一次重大的聚会。在大队出钱放映时宝楞嘎查主任利用这个集会给村民开小会，传达一些通知或通报一些事情。老人们借此机会聊天，小孩们一起玩，男女青年相互交流、交朋友、与心上人见面。宝楞嘎查放电影的消息传出后，男女老少都特别兴奋，把一天的活儿早早干完，准备心情舒畅地看电影。小孩子们很早就到放映场所，给家人占最好的位置。有时候在放映前宝楞嘎查领导也借此机会通知有关文件或通报有关事项。一般放映一部电影10元，一次放映2部电影。

听收音机和录音机。宝楞嘎查通电之前，每家每户都有收音机，是村民了解外边世界的主要工具。村民听收音机主要有两个时段，中午休息时段，12点50分听内蒙古蒙古语台的新闻及天气预报，12~13点听胡仁乌力格尔（蒙古族说唱），连上学的学生也是在听完胡仁乌力格尔完后才去学校。第二个时段是晚20~21点准时收听其他盟市电台的乌力格尔节目和音乐节目。早晨因一大早外出干活，所以一般不听收音机。录音机，一般是年轻人喜欢听。经常几个年轻人聚在一起，放录音机，跳迪斯科舞是当时最时髦最时尚的娱乐活动之一。

图 4-34　村民听过的收音机

　　看电视。据白乙拉书记介绍，1987年嘎查通电之后，村民开始买电视机，刚开始用黑白电视，只收中央一台和内蒙古汉语频道。当时有些有头脑的村民自己买电视机腾出自己家的房屋，以售票的方式给老百姓播放电视节目。据说当时一到晚上7点钟嘎查的男女老少都聚集在一起看电视。随着电视机数量的增多，村民不满足于黑白电视机，开始买彩电。当时受彩电销售量的限制一开始有钱有门路的村民才能买彩电，为其他村民所羡慕。现在几乎每家每户都有彩色电视机，甚至有些村户家有2~3台。村民用卫星信号接收器收看电视节目。接收器价格为160~180元，能接收40~50套节目。大多数村民收看中央电视台和内蒙古蒙汉卫视节目。电视已成为村民了解国内外重大事件及国家政策法规的主要窗口，成为村民文化生活不可缺少的一部分。有些家庭电视机上配小型游戏机，玩游戏成为小孩子们的主要娱乐活动。以前的传统文化娱乐活动在宝楞嘎查渐渐消失，调查期间嘎查儿童几乎都不知道传统文化娱乐活动。

读书。现在嘎查委员会每年订购《内蒙古日报》，费用大约200元。个人订阅杂志、刊物的也很多，主要是党员干部、教师等有文化的村民订购，普通老百姓很少订阅，主要订阅《内蒙古青年》、《内蒙古妇女》、《花的原野》等刊物。村民不经常读书，但大部分村民家里都收藏《青史》、《红楼梦》、《西游记》、《三国演义》等古代名著的蒙汉版。以前他们都读过好几遍。

图4-35 村民收藏的名著

其他文化娱乐活动。村民张那顺把自家的门脸房腾出后开了一间私人小型舞厅，白天开饭店，晚上开舞会。舞厅40多平方米，有音响和彩灯，里面有小卖部卖各种各样的饮食品。过年过节或同学聚会时本嘎查或其他嘎查的年轻人们聚在一起跳交际舞或现代舞，很热闹。本嘎查村民每人收费 10 元，其他嘎查村民每人收费 15 元。

该嘎查只有两家台球厅，晚上玩的人多。五四青年节台球厅特意举办台球比赛丰富年轻人的业余娱乐活动。台球是该嘎查年轻人经常进行的娱乐活动。

妇女节举办拔河比赛。由于体育活动场所主要集中在校园里，条件也不好，该嘎查还没有健身器材和设备，村民的业余体育娱乐活动极少。主要原因在于近几年连续干旱，农牧业收入急剧下降，该嘎查对文化生活的投入资金有限。积极的、有意义的文化娱乐活动的缺乏，使村民的赌博行为慢慢盛行。采访期间据一位村民介绍，该嘎查有些年轻人不仅在本嘎查赌博，还到镇里去赌，被公安机关抓过好几次，但屡教不改，每年输掉三四万元，外债累累。

2. 文化生活支出

据扎拉嘎呼介绍，宝楞嘎查村民的文化生活消费所占比例不大。随着近几年村民经济收入的减少，村民对文化生活的投入也随之减少。村民主要支出为各种答礼、买电视机、安装卫星接收器及所用的电费和过年年节消费（见表 4-15）。

表 4-15 宝楞嘎查 10 户典型村民的文化生活支出情况表*

单位：元

文化支出项目 村民	答礼	电视机及接收器	孩子上学	娱乐及年节消费	支出总额
韩哈斯	1200	800+320=1120	1 小学生/年 100	1000	3420
巴图吉日嘎拉	2000	950+230=1180	1 高中生/年 2600	1500	7280
栓柱	2000	800+400=1200	—	2000	5200
刘额日德	2000	400+300=700	1 小学生/年 60	1000	3760

续表

文化支出项目 村民	答礼	电视机及接收器	孩子上学	娱乐及年节消费	支出总额
包斯日古楞	500	200 + 380 = 580	1 初中生/年 2000	500	3580
萨仁朝克图	1000	1500 + 300 = 1800	2 高中生/年 5000	1500	9300
刘乌力吉	1200	1200 + 260 = 1460	2 高中生/年 10000	2000	14660
布仁巴图	3000	1400 + 260 = 1460	1 小学生/年 60	2000	6520
宝林	2000	1500 + 400 = 1900	—	1500	5400
白巴特尔	2500	2000 + 400 = 2400	1 大学生/年 20000	3000	27900

* 本表格由笔者根据调查数据制作。

第四节 人生礼俗

在宝楞嘎查有不同生活和年龄阶段所举行的不同的人生仪式和礼节。人生仪礼，主要包括诞生仪礼、成年仪礼、婚姻仪礼、寿礼和丧葬礼。

一 诞生仪礼

诞生仪礼为孕前的求子习俗。据该嘎查计生委主任彩云介绍，生男生女，似乎完全由于深得恩赐。婚后两三年内不孕，媳妇和丈母娘首先着急操办拜佛求子的事项。求子习俗包括几种形式：择吉日，敬献萨察礼，祭拜苍天大地，祈求恩赐儿女。选择正月初一、正月十五或卯日、午日等吉日，敬献食品和饮食品的德吉，跪拜祈祷恩赐儿女；择吉日，敬献萨察礼，敬献饮食德吉，祭拜庙宇，经济条件好一点的家庭赴五台山拜活佛祈求儿女；择吉日，敬献萨察礼，敬献饮食德吉，祭拜山神、敖包祈求恩赐儿女；召集别人家的孩子来自己家玩耍；收养别人的孩子；数次流产者求本嘎查孩子多的夫妇给未出生的孩子做干爸干妈，认干爸妈时给对方敬献哈达、赠送活羊等礼物；有多个女孩而没有男孩的夫妇除祭拜天地、佛祖神仙之外，还在给孩子命名时特意取"胡达古拉"（领小）、"努恩达古拉"（领儿）、"呼吉雅"（生小）、"呼伊热"（来小）等名字，表达自己迫切期盼生个儿子的心愿。彩主任对这种习俗有自己的看法。她认为，村民们白白浪费金钱而无效果，现在电视或各种媒体的宣传和教育使村民开始相信科学，有病去医院的意识逐步普及。

怀孕时的习俗。怀孕，当地蒙古族俗称"有喜"。妇女怀孕时有许多禁忌，如禁忌食用病死的畜肉、毛驴骡子肉和飞禽肉；禁忌去人多嘈杂的地方，否则生出来的孩子有坏脾气；禁忌参加红白喜事；禁忌跨越绳子或扁担；禁忌嘲笑别人的不足之处等。彩主任对这种习俗表示赞成，认为这些习俗对保护孕妇的自身安全有益。

临产习俗。据彩云介绍，该嘎查有几家卫生所，也有设备很不错的医院但有些孕妇临产时一般不去医院，而是请接生经验丰富的接生婆（蒙古语称"伊都根"或"德木其"）来负责生产之事。生产困难时接生婆用木条轻轻抽打临产妇女，认为这样才能生产顺利。生产完后胎盘不能乱扔，而在"嘎达格日"（厨房）的门后挖坑埋掉。初生的婴儿刚降生时其他人问"男孩还是女孩"时接生婆不管是男孩还是女孩都回答为"男孩"，以示下次生出传宗接代的儿子的祝愿之情。不能乱扔脐带，三天过后脐带掉落，把脐带包在红绸子里，挂在摇篮背后或挂在脖子上。生产结束之后主家在门上挂吉祥物告知别人这家妇女正在坐月子。生了男孩，在门上挂弓箭，系上红布条，把箭头朝外悬挂。一方面是驱邪，另一方面预祝儿子将来成为名副其实的男子汉大丈夫。如果生了女孩，则用柳条制作成圆形系上红花，这表示孩子将来具备才貌双全的心愿。有坐月子标志的家庭，外人不能随便进入。尤其是禁忌男人或佩带钥匙、绳子、鞭子的人踏进家门。有妇女坐月子的家庭，禁忌家人之间打架或吵架。陌生人、男人禁忌进入小孩未满月的产房。孩子出生后，第一个进入产房的人称"采生人"，据说孩子长大后，其脾气、秉性将与"采生人"酷似，故一般人家对"采生人"均有选择，预作指定。

　　诞生后的习俗。随着婴儿的降生，一系列的诞生仪礼正式开始，一般持续到孩子周岁。最常见的诞生仪礼有摇篮仪礼、剃发仪礼、满月仪礼、周岁仪礼等不同形式的习俗。①摇篮仪礼。摇篮仪礼是婴儿诞生后第三天所举行的仪礼。进摇篮前邀请接生婆或自己的母亲，给婴儿洗澡。用手把温盐水洒在婴儿身上洗。洗完后用干净的布把婴儿裹住，放进摇篮。摇篮一般用榆木制作，希望孩子像榆树般结实健康。据说由婴儿的舅舅给婴儿制作摇篮，极为吉利。把荞麦皮装在专制的袋子里，袋口缝合，用作摇篮最底部的垫子。当地蒙古语叫"夯胡袋"。用红色的布制作枕套，里面装满糜米作婴儿的枕头。用糜米制作婴儿枕头，是为了避免婴儿头在摇篮里发育不匀称。进摇篮前在"夯胡袋"上面垫白布后撒点干净的细沙，在上面把婴儿的手脚摆正后用布裹紧，用布条绑好。随摇篮的左右摆动婴儿慢慢入睡。婴儿一般在摇篮里度过三年左右。摇篮不能放在炕中间，而是选择放在炕边较暖和的地方。有的家庭也请喇嘛念经，为婴儿祝吉。还要用鲜奶或奶油涂在婴儿前额上，进行迷拉礼。②剃发仪礼。宝楞嘎查牧民在孩子满月那天，举行剃发仪式。剃发分全剃和半剃两种。全剃是因为如果留胎发将来长大后煮饭做菜时会半生半熟，很不吉利。半剃头发是因为孩子的亲舅舅给孩子剃头时，把额头两旁的头发特意留下一点，孩子过3周岁时请孩子的舅舅把留下的头发剃掉，剃头时孩子的舅舅给孩子一头牛、一只羊或赏钱。一般都由孩子的奶奶或姥姥举行剪发仪式，在剃发的剪子上系上红布条，从孩子的前额开始剪，把剪下来的胎发用哈达或红布裹起来，挂在婴儿摇篮上。剃发仪式结束后，主人热情招待所邀请的亲戚朋友们。③满月仪礼。是婴儿长到30天时所举行的仪礼。满月那天，主人摆酒席，邀请亲戚朋友左邻右舍和接生婆，庆祝孩子满月之喜。参加满月宴席的客人带上礼物做客。以前用布料、毛巾、衣物、奶食品等物品作为礼物馈赠给主家，主家在自己家里招待客人，主食为荞麦面饸饹，祝愿孩子长命百岁，永远幸福，主家带孩子拜见每位客人，听取客人和老人们的祝福语。现在，大部分村民都在饭店里举行满月仪式，招待客人，送礼物的方式变为送礼钱。满月仪式上，父母还要给自己的孩子取名，并在征取亲友们的意见之后公之于众，或专门请长者或有学问者给孩子取名。④周岁仪礼。婴儿长到1周岁时所举行的仪礼。主人操办宴会，与满月仪礼不同的是周岁宴会上只邀请直系亲戚不邀请更多的亲朋好友。周岁庆典上的一个重要仪式就是"抓周"，如果是男孩子，摆放男人所使用的书、笔、镰刀、斧子、鞭子；如果是女孩子，就摆放女人所使用的书、笔、剪刀、勺子、针线等物品，让孩子去抓，以第一次抓到的物品来预测孩子在将来的爱好、志向或所从事的职业。如果孩子第一次所抓的是镰刀之类的东西，将来会成为好农民；如果抓到的是斧子之类的东西，将来会成为好木匠；抓到书和笔，将来会成为大学生；抓到针线之类的东西，将来会成为手巧玲珑的人等。无论抓到什么，客人们都会借题发挥，夸奖孩子的聪明伶俐，使主人高兴。参加宴会的亲戚也赠送礼物或礼金，祝孩子茁壮成长。

二 寿礼

当地蒙古人按本命年年龄的大小，分为大年和小年。隔2年之后过本命年。所谓的小年包括13周岁、25周岁、37周岁。所谓的大年包括49周岁、61周岁、73周岁、85周岁。过去过小的本命年，不举行仪式，只是亲戚们送礼祝福。这是因为爷爷奶奶、父母在世时，忌讳自己举行本命年的仪式。现在过小的本命年时请客吃饭的现象逐渐兴起。这与老百姓生活水平的提高有着密切关系，也是当地蒙古族习俗礼仪的一种变化。大年实际上指的是61周岁、73周岁、85周岁，但当地村民之间互相赠送礼物祝贺49周岁的本命年，因而49周岁的本命年被渐渐归到大年之列。过大年本命年仪礼，也称"过寿仪礼"。过寿仪礼一般在正月里举行。每当过年时亲戚朋友邻里熟人，都送礼物祝寿。如为同龄人，可把礼物直接赠送；如为年长者，跪拜过寿的年长者把礼物用双手敬献，过寿的年长者也举行祝福礼。过去敬献哈达是最高的仪礼和礼物。现在衣物或礼金是主要礼物。过去过寿时不邀请客人，亲戚朋友择吉日自愿主动来祝寿，主家设宴热情招待所有祝寿的客人。现在改为一个月之前发请柬邀请客人,在饭店摆几十桌,隆重操办祝寿仪礼。这反映了祝寿之外的另一社会现象。有些富人家,单独举办蒙古族特色的那达慕为老人祝寿。那达慕内容主要是赛马和摔跤等,把电视机、电冰箱、洗衣机等电器作为奖品赏给获奖者。这也是该嘎查过寿仪礼的又一个新的变化。举办祝寿宴会之前,儿女们必须提前告知老人举办宴会之事,听取过寿老人的意见。

三 葬礼

葬礼,是人去世后,由亲属、邻里、亲朋好友等进行哀悼、纪念的仪式。禁忌说"死",而说"过世"或"去世",以尊重去世者本人及其家人。以前宝楞嘎查村民以去世者的年龄不同而分为幼儿葬礼、因病去世者或自杀者葬礼、年迈去世者葬礼等各种丧葬仪礼。

幼儿的死,也说为"丢失"、"不在了"等。幼儿死后,用竹席子或草包住后,放在人烟稀少处。如果幼儿未满一个月而死去,必须给幼儿取名为斧子、镰刀等实物的名字。把流产的婴儿放在荒野,三天之内被野狗或飞禽类吃掉,认为是吉利的。父母在死去的婴儿的某处做个标记和记号,来生再投胎于他们家。年轻人或因病死去的、自杀的人的尸体,都用火烧后单独安葬在很远处的荒野上。

人老去世,标志着一个人的人生旅途终结。活着的人为之发丧表示哀悼。丧葬是人的最后一次礼仪,也是有关活着的人与死人联系的仪式。宝楞嘎查村民有自己独特的丧葬习俗。概括起来可分为停尸、报丧、出殡、安葬、丧葬宴席等程序。

停尸。老人断气之后,家人用白布盖住死者的脸,禁忌其他任何人来观看、触摸死者和往死者身上掉眼泪。死者的头旁放小桌子，上面摆放奶食品、酒、水果、点心等饮食品，同时在盘子或小碗里倒入黄油做佛灯，然后点燃，为死者照亮通往阴间的道路。家属守在床边。换衣之前用温水洗漱死者的身体或用酒擦身。然后由长辈或岁数大的有经验的人把死者的旧衣服脱掉，换上新衣服。换衣时其他人回避。换完衣服之后，用温水洗手。

老人死后应及时通知亲友和邻居，亲友得知后把吊丧品摆放在死者旁的桌子上哀悼。专人登记前来奔丧者的名字和奔丧的物品。来人如果是死者的同辈或晚辈，就向死者磕三次头。请喇嘛选定出殡的日期。

出殡时择日定时。将死者从窗户抬出，抬出时用竹席遮住死者尸体，不能见太阳。入棺时在棺材四面贴上黄纸，棺底铺干草作枕头。一般随葬死者生前用过的物品。装棺之后抬上灵车，灵车走之前，亲友向死者遗体告别。

宝楞嘎查村民老人去世后普遍实行土葬。一般用卧式木棺盛尸。安葬时选择墓地，而不是随地埋葬，应安葬在氏族或家族的公墓中。埋葬时按顺序在祖坟安葬。挖墓穴之前，用鹿角画好位址后给苍天大地敬献萨察礼，意为保佑和恩赐这块墓地。挖完墓穴后任何人不能进坑。用绳子将棺材放入墓坑并调整棺材的方向和位置。埋葬时死者的子孙和近亲，围绕墓穴转圈并用手把五谷杂粮向墓穴撒去，然后铲土埋棺。家人们在墓前把带来的所有酒、茶等食物焚烧给死者。参加丧葬的人员不得随便进屋，主家要在大门口点火让归来的丧葬人员从上面跨过、用热水洗完手之后才能进屋。丧葬仪礼后，每隔七日为死者烧酒、点心、水果等食品进行祭祀。到49天时请喇嘛为死者念经诵佛，家人到墓地进行祭祀活动。

丧葬归来后，死者家人在自己家里摆席设宴招待参加丧葬的人员和亲戚邻里。以前丧葬宴席上的菜数必须是奇数。死者家属会给每个人都倒上酒，表示对前来帮忙丧葬的所有人的感谢之情。现在丧葬宴席也在饭店举办。

第五节　传统时节

据别德琪琪格老人介绍，该嘎查村民生活中很多传统节日和有关节日的风俗，随着社会的发展逐渐淡化，但有些家庭仍然比较重视。老人给我们简单介绍了传统时节方面宝楞嘎查的情况。

扫尘和祭火神。每年的腊月二十三，主要进行扫尘和祭火神两个习俗。白天扫尘，晚上祭火神。为了清除旧年的秽气、穷气，干干净净过年，腊月二十三，村民吃完早餐之后便把屋内的家具、被褥、盆碗等日常用品搬出去，打开门窗，用扫帚把屋顶上和墙上的灰尘扫干净。打扫时从屋子的西北角开始以太阳的转向为方向清扫。然后用搅拌好的白灰粉刷墙。用毛刷或扫帚刷，现在都用喷药机喷刷，这样既能节约材料又喷刷均匀。粉刷完了即生火炉烘干。到下午，重新打扫屋子，擦干净门窗，将清洗后的家具和日用设施搬进屋内重新布置和摆设，这样给人一种焕然一新的感觉。然后用花纸贴屋顶棚，墙上贴各种年画。本嘎查大多数蒙古族没有贴对联的习俗。祭火神分祭灶神和祭火盆两种，在傍晚的时候开始。把祭火神的阿麻斯煮好，阿麻斯上放黄油、红枣、糖果后插上香。用阿麻斯涂抹在灶的边缘上，把酒和阿麻斯敬献给火神，全家人频频磕头拜火神，唱祭灶词，赞美火神并祈求神灵保佑。当地村民认为，祭灶神的目的是通过灶神"上天言好事，下界降吉祥"，祈求天神保佑家庭安宁。祭灶神拜火仪式结束后，祭拜火盆仪式开始。在火盆正中间敬献酒和黄油、红枣、糖果，祭拜火神。祭拜火盆仪式上不敬献阿麻斯。

除夕。又称大年三十，它是宝楞嘎查村民传统年节性节日之一。大年三十那天每家每户都有吃猪头肉和猪蹄的习惯。一大早全家人换新装，首先把饮食的德吉敬献给祖先，然后全家人团聚吃猪头肉。把老人请到炕中间，子孙们跪在地下给老人磕三次头，老人高声祝福孩子们。傍晚时祭祀祖先和供佛。据说在那天灶王爷返回下界，所以焚烧各种食品祈求祖先和神灵保佑全家人。天黑时打开屋内所有的灯，一夜不能熄灯。辞旧岁，迎新年，合家欢聚，整夜不眠。小孩在除夕之夜整夜不眠，新年里头脑会变得更聪明伶俐。把大年初一所吃的饺子，在年三十晚上包好，饺子里放一些枣、线、钱之类的东西，在初一早晨吃到有东西的饺子，判定谁成为长寿者、谁成为大款、谁是坏心眼等互相逗乐。据说年三十晚上在灶旁拉琴，神仙会来教琴，所以自然而然可以学会。

大年初一。大年初一从半夜子时开始。大年初一的习俗有拜天、拜祖坟、拜佛、拜长辈、跟亲戚朋友拜年等内容。拜天，早晨吃完早餐之后进行。不能空肚子拜天。在房屋西南角堆柴火，上面放糜米、奶食品、点心、水果后焚香。烧旺火后由年长者领着全家人首先向西南方向磕头之后围着篝火跪拜。拜完天之后,接着拜祖坟。全家人向氏族或家族的公墓方向磕头。接着全家人拜佛。最后拜老人和长辈,把最年长者请到炕中间就座,儿孙们以长幼为序敬酒磕头拜年。然后家族内部拜年开始。拜年时晚辈要磕头请安,长辈高声祝福,并给压岁钱。家庭内部的拜年活动结束后,吃饺子。大年初一必须吃煮饺子,不能吃蒸饺子。不吃旧年的饭菜。所有的饭菜必须重新做。每家每户都在炕上放桌子,上面摆放炒米、黄油、奶豆腐、糖果等食品准备招待拜年的客人。拜年时必须带自己的烟酒,领着孩子拜年。首先给主人点烟,然后敬酒磕头拜年。主人不会让来拜年的人空手出门,而是让客人尝一尝自家的饺子或糖果,给小孩子压岁钱后才可以出门,大年初一一般不去其他嘎查拜年,只在嘎查内部邻里亲朋之间拜年,从初二开始给在外地的亲戚朋友拜年。拜年时必须带礼品,所带的礼品都为双份,主家热情招待客人。女婿给岳母岳父拜年,尤其是新订婚的女婿必须给岳母岳父拜年。正月十五时大规模的拜年活动基本结束。通过一系列的拜年活动加强了邻里亲朋之间的感情联络,同时也展现了宝楞嘎查丰富多彩的社会民俗。

清明节。清明节家家举行墓祭活动。家人到祖坟上焚烧食品祭祖坟的同时修复祖坟。往祖坟上填土时不需从离祖坟很远的地方拉土,不能从祖坟旁取土。

端午节。农历五月初五端午节也是宝楞嘎查重要的传统节日之一。端午节男女老少早晨早起喝"都井乌苏"(意思为没放地下的水)。早晨起床后,不能说话,从水井里打水喝或洗手洗脸。据说这种水能治咳嗽。然后爬山,爬邻近的最高点,爬得越高越长命百岁。孩子们都带煮鸡蛋上山吃,互相比谁所带的鸡蛋最多,互相逗乐。下山后在湖水或河水中游泳和洗澡。回家时顺便带"穗和额不苏"(一种草),挂在门窗上面和塞在耳朵里。这样门窗不生蛀虫,耳朵里不进虫子和灰尘。端午节当地村民有吃鸡蛋和吃用新鲜奶或奶皮制作的牛犊面("图古勒汤")的习俗。一般吃煮鸡蛋或煎鸡蛋。

第六节 社会交往

一 日常礼俗

从白乙拉书记的介绍和对他的调查采访中我们了解到,该嘎查有村民之间的日常礼俗和传统美德。

1. 问候之俗

不管何时何地遇见本嘎查的年长者,不能随便开玩笑,不直接称呼老人名字。首先必致温暖的问候之语:"赛音百努(你好)!阿爸!""忙啥呢?阿爸?""身体好吧?阿妈?"嘎查村民把老爷爷或老太太都亲切称呼为"阿爸"或"阿妈"。本嘎查的同辈之间也有互相尊重,互相问候的习俗。经常碰面时用"忙不?""今年收成怎么样?"等问候语相互打招呼。出差归来时互相握手问候。他们认为,生活在一个嘎查相互不问候,见面不说话是很难受很难看的一件事。家里来客人时,主家微笑着迎接客人,用"好赛怒(都挺好吧)?""累了吧?"等问候语请客人进屋。送走客人时说:"白日太(再见)!""赛因雅布(路上走好)!""跌哈伊热(有空再来)!"直到客人走出很远才回屋。

2. 迎客人禁忌之俗

禁忌拿着空桶迎接客人；禁忌对着客人泼水或扔垃圾；客人已来到门口时，禁忌主人返回屋子或不问候擦肩而过；客人已经进屋，禁忌打骂或驱赶自己家的狗，否则别人会认为主家有赶走客人之意；客人到家门口或招待客人时禁忌打扫屋子，否则别人会认为主家对客人不尊重，把客人像灰尘一样看待；禁忌穿内衣或不穿衣服迎接客人；禁忌在客人面前，夫妻俩拌嘴吵架或打骂自家孩子；禁忌在叫回在外玩耍的孩子时高声吼叫或用脏话骂孩子；招待客人时禁忌家庭成员之间发生矛盾，大打出手，损坏自己家的形象。

3. 做客禁忌之俗

骑马的人在别人家做客，禁忌快马加鞭进入别人家庭院；骑马的人把马拴在离主家较远的地方，禁忌拴在主家房屋前；进家门时，禁忌大声笑或吹口哨走路；从有妇女坐月子的人家或有老人、小孩的人家门前路过时禁忌随意大喊大叫；禁忌跨过院子里所放的东西；禁忌打骂主家的狗；一进门应向主家的所有人问候或打个招呼，然后选择适合自己的位置来就座；禁忌背着通过坐着的人前面；禁忌对着人或火灶打喷嚏、打哈欠，过年时禁忌空手去别人家做客；进入别人家时禁忌脚踩门槛，视门槛为当家人的脖颈；禁忌下午和晚上探望病人。

4. 送客人禁忌之俗

主人在客人之前踏出门槛，有赶走客人之意；送普通客人时送到大门口，送尊贵的客人时给客人备好车马，目送到远方；送客时禁忌把手心面对客人送别；禁忌客人走之前，拆开客人送的礼物。

二　人际关系网络

（一）亲属关系和邻里关系

据村主任介绍，在市场经济的冲击下，该嘎查村民之间的人际往来上虽然掺杂着很多不良因素，但互助互利的传统美德依然保留。

据调查采访了解，宝楞嘎查村民之间的关系质朴、融洽，尊老爱幼、团结互助蔚然成风。嘎查内部有着协同生活的优良传统。每个家庭总会有一些大事，是家庭成员力所不能及的。比如起房架屋，婚丧嫁娶等，村民特别是家族成员、亲戚都会主动帮忙。尤其是修建房屋、婚姻丧葬是每个家庭常年不遇的大事，届时大家都会鼎力相助。从宝楞嘎查村民的房屋紧紧贴在一起，中间只隔一座墙的居住格式来看，他们邻里之间的和睦相处、紧密相连的亲密关系。宝楞嘎查蒙古族虽然很多，但多少都有亲属关系。有亲属之间和邻里关系和睦相处的优良传统。这种关系集中体现在以下几个方面：①邻里孩子结婚，主动地、毫无回报地帮忙，比如提供自己的家摆宴席，无偿地借给其生活用具，被损坏不会追究等。②盖新房或修缮房屋时男性承担体力活儿、女性承担做饭做菜等杂活儿，这些全都是无偿的。平日生活中互相借生活用具绝不吝啬，甚至做好饭菜，送给邻居和亲属共享。尤其是杀猪时，将煮熟的猪肉、猪肠等送给亲戚朋友和左邻右舍品尝，还把自己家做的韭菜花和黄酱赠送品尝。③以前用石碾子碾米时按顺序轮流使用石碾子，谁首先在石碾子上放个扫帚或筛子就算谁有先使用的权利，其他任何人不能侵权。之后按先来后到的顺序使用。④尼日布家比较穷，夫妻俩都有病在身，丧失劳动力。但调查期间我们到他们家时他家房屋、院子整齐，生活用具齐全。尼日布讲，这样的生活水平全靠亲戚朋友帮助。种地、收地都是他哥哥和邻里帮忙，通过朋友的介绍两个女儿也外出打工去了，这也是对家里的最大的帮助。

（二）经济性交往关系

据村委会副主任双武的介绍，现在随着社会的发展，在市场经济的冲击下，村民之间的经济性交往也呈逐步上升趋势，主要体现在借贷和喜（丧）事方面。以前的无偿帮忙逐步变为有偿服务。雇佣关系渐渐取代友好关系。婚礼、满月礼、葬礼、搬进新房礼从礼物变为礼钱，钱在人际交往中占据的比重越来越大。

由于村民们的经济情况尚处于温饱阶段，村民们的经济都不是很宽裕。在遇到生病或较棘手的事情时，需要大家的支持。一般先向亲人借钱，如果从亲戚处借钱，没有利息，自己有钱之后赶紧还上；向其他人借钱，都有利息。大约一年总收入的 1/4 都用于各种答礼上。以包孟和家为例：他家年收入为粮食作物 4000 元，养猪 1000 元，外出打工 1000 元；人际往来支出为答礼 1000 元，交通费 200 元，通信费 400 元，年节 2000 元。从而可以看出村民们的在人际往来上的支出占一年总支出的比重越来越大，逐渐大于村民的承受能力。

人际关系网络中通信工具扮演重要的角色。该嘎查手机很普及，几乎每户人家都有一部手机，有些村户有 2~3 部手机。据问卷调查显示，90% 的村民都认为在与嘎查内外本民族保持密切联系外还愿意或经常交往其他民族。

表4–16　2006年宝楞嘎查20户村户人际交往的支出一览表*

单位：元

姓名	交通费	通信费	答礼金	姓名	交通费	通信费	答礼金
包斯日古楞	600	500	500	格百	200	500	1200
巴图吉日嘎拉	200	100	600	孟克	300	1000	1800
萨仁朝克图	200	500	1000	小巴德玛	500	500	500
刘额日德	300	1600	800	鞠云龙	2000	2500	4000
少布	400	1200	5000	王子和	2000	3000	4000
布仁巴图	1000	1300	3000	色音毕力格	100	1000	400
那仁朝克图	600	600	2000	图门乌力吉	200	700	1000
田阿木日	500	400	3000	吴双宝	1000	2000	1500
阿拉坦白拉	160	400	500	栓柱	400	1400	2000
额日和	300	360	2000	马赛音白拉	1000	4000	5000

*本表格由笔者根据调查资料制作。

从表4–16的数据来看，宝楞嘎查村民经济交往中的主要支出是答礼金，占年总支出比例的20%以上。国家干部、人民教师或个体户的社会交往较多，投入的资金也很大。在村民的访谈当中，村民对婚丧大操大办表示担忧，对隔三差五的嘎查内外的请柬有了恐惧心理。尤其是对普通农民来说，虽然他们的社会交往比较少，但亲戚朋友的交往必不可少。

第五章　文教卫生

第一节　宗教信仰

一　宗教

（一）萨满教

据别德琪琪格老人介绍，宝楞嘎查有些村民信奉萨满教，当地蒙古语称男萨满为"博"，以前该嘎查有一个"博"，名叫额尔敦朱日和，现已去世。女萨满为"伊都干"。"博"和"伊都干"受人之请，为人"驱邪治病"时，常去患者之宅跳神。萨满身着盔甲，扎五彩条裙，裙上挂九面青铜镜、九个小铜铃，背插五彩小旗，手握羊皮鼓，鼓柄上挂有很多小铁环。按一定的节奏举步起舞，鼓声、铜镜和铜铃的撞击声骤起，萨满口中念念有词，请"赛呼斯"（转世神灵）下地狱附体。萨满口念咒语，手舞足蹈，装出鬼神附体的样子，做出各种驱邪动作，解释神灵的"旨意"或为病人画符服下。萨满连唱带跳一个时辰左右。萨满教是由法师一代一代继承的，但该嘎查无继承者。

第五章 文教卫生

（二）祭敖包

祭敖包，蒙古语叫"敖包台黑呼"，当地蒙古族的祭敖包习俗是他们宗教信仰的一种遗留。敖包即土堆、石堆。该嘎查祭敖包的内容广泛，除祭敖包外，还祭名山、大川、神树等。当地村民习惯于每年五月十三（阴历）祭山。除此之外还祭祀小敖包，祭祀的目的为求雨或祈求平安无事，幸福美满。由于近几年连年干旱少雨，严重影响了农牧民的农牧业生产，因此二〇〇七年五月十三（阴历），村民举行了祭祀敖包活动。所祭祀的敖包是位于嘎查东部的小敖包，目的是求雨，祈求风调雨顺。这次祭敖包活动是宝楞嘎查历史上一次较大规模的祭祀活动，特请喇嘛念经祈祷，招福求禄。以奶油、羊肉、阿木斯等祭神，之后举行了摔跤比赛，因条件有限没设赛马和射箭比赛。本次祭祀活动是完全由嘎查委员会组织举办的，由嘎查出资。

采访期间额尔敦毕力格介绍了这次祭敖包活动的大致状况。二〇〇七年五月十三（阴历），本嘎查的大部分村民赶到位于嘎查东部的查干敖包山下，向敖包进发。从敖包西南登上敖包山，到敖包后大家由西向东绕着敖包顺时针转一圈，在敖包正方香案前叩拜之后，用带来的哈达和彩旗装饰敖包。敖包前的祭案上摆上全羊、鲜乳、黄油、白酒、糕点等红食和白食，由喇嘛念经，大家向敖包三拜九叩，祈祷"风调雨顺，五畜骤增，无灾无病，禄马腾飞"，村民们继而将醇酒泼洒到敖包上，围敖包顺时针转一圈。随后众人双手托举哈达、食品等，呼喊"呼瑞呼瑞"，举行招福致祥的仪式，至此祭礼便告结束。之后举办小型的那达慕。主要有摔跤、掷比鲁（一种猎具）等项目。据村民说，祭敖包后不久果然下了一场小雨。

二 民间信仰

天崇拜。宝楞嘎查村民用拜天和祭天的形式，表达自己对苍天的崇拜之情。每年正月初一的早晨，在门前旺火烧香，全家人向四面八方磕头祈祷苍天保佑、降福。新婚夫妇，首先拜祭苍天，祈祷苍天保佑夫妻恩爱白头偕老。除此之外，遇到喜庆的日子或天灾人祸时村民都会用圣酒、美食祭天，祈祷苍天保佑平安幸福。

火崇拜。每年腊月二十三，举行一年一度的隆重的祭火神仪式，黄昏时用灶口或火炉里的旺火，把专门准备的丰盛的酒肉茶饭敬献给火神，膜拜祈祷。另外，他们认为火能消除一切晦气和肮脏的东西，以为不好的东西都可以用火消毒。参加完葬礼的人进门时首先必须跨过火净身。把认为弄脏的东西在火上面绕三圈就可消毒。禁忌小孩儿玩火和往火里投肮脏的东西。村民中间流传着"如果玩火晚上尿褥子"，"如果玩火牲畜有灾"等防火的说法。

佛崇拜。家里挂佛像或把佛的雕像摆放在柜子上，前面摆佛桌，上面放点心或水果等美食并烧香，以表达对佛祖的崇拜之情。本嘎查这种村户不多，大约有十来户，大多数是家里有老人的或做买卖的。据说他们每天早晨烧香拜佛。每年的正月初一和正月十五祭拜佛祖，祈求佛祖保佑全家平安幸福、一切顺利。

祖先崇拜。祭祀自己的家族祖先是村民主要的灵魂信仰。清明节、腊月二十三、大年三十都要焚烧各种食品祭祀祖先并进行祈祷。另外在婚宴或其他庆典上也会把饮食的德吉敬献给祖先以表示敬重之情。有些家庭每当家里做美味佳肴时都有把德吉敬献给祖先的习俗。

三 禁忌

从采访和交流中我们了解到,村民的生产和生活当中依然保留着各种各样的禁忌习俗。村委会领导们认为,宗教禁忌是各种禁忌中较早的一种。形成宗教禁忌的原因和他们的原始宗教有关。崇拜者认为原始宗教崇拜物是神圣不可侵犯的,所以他们禁止伤害或不尊敬被崇拜物。据调查,宝楞嘎查村民的宗教禁忌主要体现在以下几个方面。

(1) 禁忌埋怨或谩骂苍天。
(2) 禁忌鞭打地,否则牲畜有灾。
(3) 禁忌损坏坟墓,否则多病缠身。
(4) 禁忌日月食时吃喝玩乐。
(5) 禁忌用镜子反射太阳光玩耍,否则常尿裤子。
(6) 禁忌太阳落山后扫地,否则会把福气扫出去。
(7) 禁忌用手接雨水,否则造成洪灾。
(8) 禁忌用手指头指向彩虹,否则手指上长瘤。
(9) 祭拜火神时禁忌其他家族的人参与。
(10) 禁忌在火上面挥刀、浇水、放盐、烤脚、跨越、踩踏、滴奶等。
(11) 禁忌损坏寺庙建筑和携带棍棒、弓箭、枪支进入寺庙。
(12) 禁忌在祭敖包仪式之外爬上敖包或女人上敖包。
(13) 禁忌在敖包上小便。
(14) 禁忌祭祀祖先时有外人参加。
(15) 禁忌不尊重父母长辈,和长辈顶嘴。
(16) 禁忌先于长辈品尝饮食德吉。

(17) 禁忌称呼长辈的名字。

(18) 死于家外者，遗体或棺木不得进入家院。

(19) 禁忌正月剃头，谓"正月剃头死舅舅"。

我们在采访宝楞嘎查党委书记白乙拉时他说，现在随着科学知识的普及和迷信思想的破除，许多禁忌已不为人所知。

第二节　民间艺术

一　说唱艺术

从白乙拉书记那里我们了解到，用四胡伴奏演唱的艺术叫说唱艺术。说唱艺人叫"胡尔齐"。扎鲁特旗毛道苏木是蒙古族说书艺人"胡尔齐"的摇篮。宝楞嘎查也算是"胡尔齐"的故乡。扎鲁特旗蒙古族说唱艺术"胡仁乌力格尔"从这里发育成长。著名说书艺术家芭杰等都是诺颜庙（今宝楞嘎查所在地）的弟子。

别具一格的"胡仁乌力格尔"形成的年代比较早，开创者是著名艺人丹森尼玛（1836～1889年）。他从小被父母送到蒙古贞（今辽宁阜新县）的葛根庙当喇嘛。由于他擅长演唱艺术，吸引了许多蒙古族群众，引起了葛根庙活佛的不满，于是把他赶出了庙门。他从此开始了民间演唱"乌力格尔"的生涯。有一次，他来到扎鲁特旗诺颜庙附近说书，当地富户却帮（1856～1928年）将他请到家里说书。却帮对丹森尼玛的演唱极为欣赏，就请他长期居住在家里，并拜为师傅。后来，却帮又把自己的好友巴彦宝力高介绍给老师，同他一起学习演唱"乌力格尔"。

20世纪70年代末80年代初,宝楞嘎查村民经常到大队听外地或本地的"胡尔齐"唱的"乌力格尔"。主要的"乌力格尔"有《三国演义》、《水浒传》、《封神演义》、《唐宗传奇》等。"胡尔齐"不收费,给"胡尔齐"提供吃住"胡尔齐"就可以免费给村民演唱4~5天的"乌力格尔"。有时三四户村民邀请民间说书人演唱无伴奏的"乌力格尔",蒙古语叫"雅巴干乌力格尔"。80年代末村民有了收音机之后天天从收音机里听"乌力格尔"。从小孩子到年迈的老人都是"乌力格尔"迷。小孩子上学时也模仿说唱艺术家说唱"乌力格尔"片段。现在大部分年长的村民依然每晚准时收听收音机播放的"胡仁乌力格尔"。"胡仁乌力格尔"仍是宝楞嘎查村民喜闻乐见的艺术形式,是娱乐活动中不可缺少的组成部分。

二 民歌传唱

我们在调查采访村民中了解到,宝楞嘎查无人知晓以该嘎查的人物或事迹为题材的民歌和从该嘎查发源的民歌。但扎鲁特民歌在该嘎查代代传唱。扎鲁特民歌虽然不是产生于该嘎查,但从不同侧面表现了人民群众浓厚的生活气息。传唱的民歌内容涉及人民生活的各个方面,有歌颂人民反抗斗争的,有赞美草原、歌唱爱情的,有思念亲人、怀念故土、讽刺社会丑恶的。据《蒙古族大词典》记载,科尔沁民歌《桑杰嘛嘛(喇嘛)》就是以在诺颜庙里的喇嘛为题材歌唱桑杰嘛嘛和庙周围艾丽(村)的美丽姑娘"苏木茹"昂嘎(小姑娘)的非凡爱情故事的民歌。

扎鲁特民歌在该嘎查最为广泛传唱的是《四季歌》,歌

词易唱易记,曲调悦耳动听,引人入胜,扣人心弦。歌词为:

四季歌

当春天到来的时候,
一切草木都发了芽。
本想在这儿长居,
可家遥远路途漫漫,
我们还是快快赶路吧!

当夏天到来的时候,
各种草木都绿油油。
本想在这儿安居,
可家遥远路途漫漫,
我们还是快快赶路吧!

当秋天到来的时候,
一切花草都发了黄,
本想在这儿久居,
可家遥远路途漫漫,
我们还是快快赶路吧!

当冬天到来的时候,
各种花草都枯萎了。
本想在这儿定居,
可家遥远路途漫漫,
我们还是快快赶路吧!

第三节 乡村教育

一 乡域背景

据毛道学校校长赛音巴雅尔和教职工的介绍,以前毛道苏木中学坐落在该嘎查,还有一座小学叫毛道中心小学。2006年毛道苏木归属于鲁北镇之后撤销毛道中学,中学生都到鲁北蒙古族第二中学读书。以前中学老师都调到嘎查小学里教书,虽然全苏木的小学生都集中到一起,但只有100名左右,出现了学生少、老师多的局面。布仁巴图以前在苏木中学教书,撤销中学后他到小学管理学生食堂。他开玩笑说:"我在这儿还不错,有的老师还烧锅炉呢!"这种改革后来出现了很多好处,但同时也出现了不利因素。村民彩云和布仁白拉的两个儿子都在镇里上学,老大在鲁北蒙一中(高中)就读,老二在鲁北蒙二中(初中)就读,他对这种改革有自己的见解:第一,苏木中学老师们的生存问题,有些已经调到镇里,大多数留在本地待业。第二,学生适应环境问题,在苏木里上学的孩子们一到镇里上学,大多数自理能力差,适应学习环境和生活环境需要时间。第三,给家长的负担加重,本嘎查大多数家庭有2~3个孩子到镇里上学读书,每个学生一年的学费、住宿费和生活费大约需要2000元。家长为了看望孩子每年至少往镇里跑个两三趟,路费也不便宜。

二 教师与编制

毛道中学合并到鲁北蒙二中之后,中学生都转学到鲁北镇蒙古族第二中学,以前中学的教师都调到小学里,所以教师的数量猛增。在编教师40人,任课教师21人,汉族教师6人。教师中大学本科学历者8人,其他都是大专学历。学校的年轻教师较多,其中有6~7人在读函授,积极提高自己的学历。据老师们说,他们积极提高学历的原因主要有两个:其一是现在学校教师多竞争上岗比较激烈,所以不提高学历和个人素质,将来就可能被淘汰;其二是现在学历和工资挂钩,学历越高,工资就越高。有11位教师因没有合适的岗位或教不上课纷纷离校各自寻找出路。教师中有部分是当地人或当地人的家属。该嘎查教师包金山和他爱人以前都是毛道学校在编教师,包金山因学历不高而学校的教师太多,教不上课，就停薪留职，做电器生意。他爱人因是大专以上学历从竞争中脱颖而出，现在担任四年级蒙古语文老师。满都拉也是学校在编教师，毕业于内蒙古蒙古族专科学校，以前在毛道中学教蒙古语文，2006 年毛道中学被撤销后被调到小学。一部分教师自己家里有地，有牲畜，有的边教书边种地；有的干脆就离岗种地；有的把地租给其他村民，年终收取一些租金。

三 学校开课

2007 年毛道学校教学班包括汉族学生班共 8 个，在校生 110 人，其中蒙古族学生 90 人，汉族学生 20 人，都来自周边的汉族较集中的嘎查（见表 5-1）。宝楞嘎查没有蒙古族村民把孩子送到汉族班级读书的例子。

表 5-1 毛道学校 2007 年 7 月在校生人数表[*]

单位：人

年 级	总 数	男 生	女 生	蒙古族	汉 族	满 族	朝鲜族
一年级（蒙）	12	5	7	11	1	—	—
二年级（蒙）	14	8	6	14	—	—	—
三年级（蒙）	17	8	9	15	2	—	—
四年级（蒙）	15	7	8	15	—	—	—
五年级（蒙）	15	9	6	14	—	—	1
六年级（蒙）	17	10	7	16	1	—	—
一年级（汉）	10	4	6	—	9	1	—
二年级（汉）	10	5	5	—	8	1	1
合 计	110	56	54	—	21	2	2

[*] 本表格来源于校档案。

现在学校实行六年制。学校结合当地学生的实际情况和教学条件,教学课程安排主要有蒙古语文、数学、英语、汉语文、音乐、美术、体育等课程。周一至周五上课,每个班级上课总节数为除了班会外共33~35节(见表5-2)。

表5-2 毛道学校课程安排及每周课时分配情况表(45分钟/课时)*

单位:节

年　级	课程及课时分配(每周节数)						
	蒙语文	数　学	汉语文	英　语	音　乐	美　术	体　育
一年级(蒙)	16	12	—	—	1	2	2
二年级(蒙)	14	10	5	—	1	2	2
三年级(蒙)	12	9	5	3	1	2	2
四年级(蒙)	13	9	5	3	1	1	2
五年级(蒙)	12	10	6	3	1	1	2
六年级(蒙)	12	10	6	3	1	1	2
一年级(汉)	—	12	17	—	1	2	2
二年级(汉)	—	12	17	—	1	2	2

* 本表格来源于校档案。

四 校园设施与校舍

全苏木小学现都集中在毛道中学,学生大部分是住校生。学校位于宝楞嘎查的东北部,占地面积1万平方米左右。以前毛道中学的校址,校园里目前建筑不算多,四排全都是1996年建造的砖混结构的平房。最南边的一排为学生教室。第二排平房为教师办公室,第三排为学生食堂,第四排为学生宿舍,最后面是锅炉房。校园大门在南边,大门上挂着蒙汉两种语言书写的"毛道学校"的牌子。从大门到教学区有宽大的柏油路连通。路东侧是操场，西侧种的是松树和杨树。因为只有110名学生，很多的屋子成为仓库。校长办公室在第二排平房的正中间，两边是其他老师的办公室。到现在为止尚无微机室和计算机教学设备。学生教室、教师办公室、学生宿舍、食堂粉刷得很干净，都通了暖气。校园内没有健身器材，只有单杠和双杠、足球场和篮球场。住校生有70个，每间学生宿舍摆放5张上下铺铁床，住10名学生。学生反映冬天暖气烧得很旺，不冷。食堂伙食质量不错，每顿饭四菜一汤，卫生条件很好。后勤管理员布仁巴图说：住校的学生年龄最大的才11~12岁，最小的7~8岁，都是从附近的嘎查来的，第一次离开父母，自理能力差，所以对他们的穿着洗漱、吃喝拉撒都要精心护理照顾。他们刚住宿时觉得很新鲜，但过了几周后开始厌倦住宿生活，经常无缘无故请假。因此，学校在吃喝住的问题上一定要把质量关，一旦吃得不好，他们就想家，影响正常学习。虽然人数少，但管理起来也很不放心。除了周六周日以外，管理员每天晚上查宿舍，施行较严的请假制度，保护学生的人身安全，以防万一。校园内没有小卖部，校园大门口有小超市，为学生提供便利。学校没有专职医生，但学校西侧有一所诊所，解决了学生买药、看病的问题。住校生周六、周日都回家，有的家长来接，有的自己回去，家最远的约有15公里，所以年纪稍大的学生一般自己坐客车回去。比较近的嘎查的学生不需要住宿，但到了冬天，为了安全，有的学生家长让子女住宿。调查期间，正值学生放假时期，未能看到学生学习、生活的真实状况。

图 5-1 毛道学校门口的商店

五 儿童入学

宝楞嘎查是以前毛道苏木政府所在地,苏木中学设在这里。2006年撤销毛道苏木中学后,撤销苏木各个嘎查的小学,把学生集中到宝楞嘎查中心小学,校址设在以前的毛道中学。宝楞嘎查村民都很清楚送孩子上学的重要性,只要孩子到上学年龄就主动送孩子上学。但由于该嘎查没有幼儿园和学前班,该嘎查儿童多为8岁上学,起步较晚,比起城镇里的孩子学习成绩较差,所学到的东西也很少,所以该嘎查的很多家长把孩子送到镇里的小学上学,把孩子托付给亲戚朋友或自己在镇里租房陪读。

六 妇女教育

宝楞嘎查妇女联合会主任彩云在接受我们的采访时

图 5-2　毛道中心小学

详细介绍了该嘎查妇女教育情况。该嘎查妇联为了提高妇女自身的素质，使妇女意识到自身的价值并积极参与社会活动、维护自己的合法权益，该嘎查妇联对妇女进行了各种教育，以加强法律意识和普及计划生育基础知识教育。妇女教育形式主要是集中学习和开展各种活动。集中学习的内容有《计划生育政策与法规》、《妇女保障法》、《未成年人保护法》等政策法规性文件及计划生育基础知识，对文化水平较低的妇女，进行简单易懂的口头教育。妇女一年集中学习两次，主要安排在农闲时期，主讲人员为妇联主任或妇联委员。学习结束后，妇女进行统一考试。每年的考试合格率在85%左右。妇女联合会除强调妇女的理论学习之外，还进行实践教育，如走访各个村户，为家庭妇女传递家庭和谐观和妇女合法权益知识，给予鼓励和积极引导，帮助贫困户脱贫致富等。

宝楞嘎查计划生育服务证发放情况见表5-3。

表5-3　宝楞嘎查计划生育服务证发放表*

夫妇姓名	民族	结婚时间	发证时间	服务证编号	孩子(个)
董国玉、赵金菲	蒙古族	2006年12月14日	2007年1月5日	05070202901	1
咸根基、于鸿敏	满族	2007年6月14日	2007年6月20日	05070202902	1
高金山、阿拉坦高娃	蒙古族	2007年4月4日	2007年7月5日	05070202702	2
王晓利、白金花	蒙古族	2005年3月14日	2007年9月4日	05070202903	1
包海宝、开花	蒙古族	2007年8月9日	2007年9月4日	05070202904	1

*本表来源于嘎查档案。

第四节　医疗卫生

一　医疗点和医生

据韩长福老医生介绍，毛道卫生所于1958年建立，当时叫毛道公社卫生院。1960年同红旗公社卫生院合并，1962年恢复毛道公社卫生院。1984年8月，改称为毛道苏木卫生所。1986年年底，卫生所有工作人员12人，房舍20间，设有蒙医科、妇儿科、防保科，无住院病床，是当时全公社最大的医院。现在有8个医务人员，平均年龄为38岁，都受过专业教育，本科生2个，专科生6个，都是从镇里统一分配的专业毕业生。主要医治范围是小伤、外伤、常见病、妇科病、儿科病等，输液设备齐全，可以做外科手术，进行住院治疗。主要设蒙医科、妇儿科。一般村民花10~15元就能医治普通的常见病，以前赊账看病的多，现在不存在这种现象。随着2006年新型农村合作医疗制度的实行，农民看病难的问题逐步得到解决。

二 常见病

卫生所所长韩长福是在卫生所里工作多年的老医生，在邻近嘎查很有名气。从韩大夫那里我们了解到，毛道卫生所建立前该嘎查的医疗条件极差，老百姓生病后不远千里找喇嘛看病。用珍贵首饰换取简单的药方或找乡村赤脚医生，时常因简单的病而失去生命。建立卫生所之后，科学的治疗方法和较先进的医疗设备使该嘎查的疑难杂病逐渐得到控制。该嘎查的常见病主要有感冒、气管炎、小儿肺炎、关节炎、小儿腹泻等。得这些病的原因在于村民有多年的吸烟史，当地气候寒冷，个人卫生条件差，嘎查生活条件落后，冬天取暖设备简陋，所以很容易得流行性感冒和气管炎、关节炎等病。本地地方性疾病有布鲁氏杆菌、地方性甲状腺肿大等，秋季和冬季时还会出现腹泻、菌痢、流脑等流行性疾病。布鲁氏杆菌病又名"波状热"和"地中海热"，简称布病，早在20世纪50年代在扎鲁特旗流行，六七十年代流行面积扩散，患者数量增加。经调查，确认该病的传染源是"美利奴羊"布病。甲状腺肿大是以前该地区多发的地方病。当地人也称其为"洒呼"病。患病原因为该地区水中缺碘。该嘎查每年婴儿死亡率几乎为零，意外死亡者1~2名，主要因心肌梗死或脑出血等病而去世。正常死亡者每年2~3名，平均年龄为75~80岁。

据妇联主任彩云讲述，该嘎查孕妇一个月一次到镇医院做B超检查胎儿，生孩子时都到医院，用接生婆的传统习俗渐渐消失，生孩子的费用大约为1000元。近几年没出现因难产而导致胎儿死亡的实例。在毛道医院里有专门护理员，到村民家指导妇女护理方法和说明注意事项，村民对护理员的满意率较高。计生措施主要是上环或用药,由村民自己选择,村妇联每月免费发放计生用药。现在村民对科学医疗方面的意识进一步提高,以前的传统护理方法逐渐被科学的护理方法所代替。

参考文献

《扎鲁特旗志》编纂委员会编《扎鲁特旗志》,方志出版社,2001。

马京、金海主编《蒙古族——内蒙古正蓝旗调查》,云南大学出版社,2004。

白银查干主编《内蒙古民俗概述》,内蒙古教育出版社,1999。

普日莱桑布编《蒙古族服饰文化》,辽宁民族出版社,1997。

娜仁图雅编《蒙古族民间禁忌》,内蒙古人民出版社,1997。

呼日勒沙等:《科尔沁民俗》,内蒙古少年儿童出版社,2005。

斯日吉玛:《扎鲁特蒙古族缝纫技艺》,民族出版社,2005。

巴拉吉尼玛主编《扎鲁特名人录》,内蒙古文化出版社,2007。

后　记

　　从接受当代中国边疆民族地区基层社会经济典型村落调研任务到完成调查报告的写作，历经30天的田野调查以及一年的整理撰写，现在终于即将付梓。作为宝楞嘎查人民的儿子对自己的家乡做了件实实在在的事情，我心里特别自豪。

　　首先感谢中国社会科学院中国边疆史地研究中心教授毕奥南老师，他对课题总体上的策划、经费上的投入，保障了调查工作的顺利展开。

　　其次感谢内蒙古师范大学历史文化学院的于永院长，感谢他的精心组织、认真指导和修改。

　　本次调查从开始到结束始终得到宝楞嘎查党支部支书白乙拉、村委会主任额尔敦毕力格、我的同学扎拉嘎呼和包斯日古楞及父老乡亲们的帮助，他们在调查采访期间在工作和生活上为我提供了大力支持，在此表示诚挚谢意。家乡的父老乡亲们，感谢你们为我提供了真实的资料，感谢你们对我的热情帮助，感谢你们养育了我，祝福你们生活富裕，家庭幸福！

　　也感谢在整理资料和撰写过程中我的爱人都达古拉和儿子安格尔的支持和鼓励！

茂盖图山下的农牧演替

由于调查资料尚不完整，撰写者的学识水平有限，本调查报告在体现实际情况方面存在偏差和纰漏在所难免，务请广大读者不吝指正。

金　泉
2009 年 12 月

社会科学文献出版社网站
www.ssap.com.cn

1. 查询最新图书　　2. 分类查询各学科图书
3. 查询新闻发布会、学术研讨会的相关消息
4. 注册会员，网上购书，分享交流

本社网站是一个分享、互动交流的平台，"读者服务"、"作者服务"、"经销商专区"、"图书馆服务"和"网上直播"等为广大读者、作者、经销商、馆配商和媒体提供了最充分的互动交流空间。

"读者俱乐部"实行会员制管理，不同级别会员享受不同的购书优惠（最低7.5折），会员购书同时还享受积分赠送、购书免邮费等待遇。"读者俱乐部"将不定期从注册的会员或者反馈信息的读者中抽出一部分幸运读者，免费赠送我社出版的新书或者数字出版物等产品。

"网上书城"拥有纸书、电子书、光盘和数据库等多种形式的产品，为受众提供最权威、最全面的产品出版信息。书城不定期推出部分特惠产品。

咨询／邮购电话：010-59367028　　邮箱：duzhe@ssap.cn
网站支持（销售）联系电话：010-59367070　　QQ：1265056568　　邮箱：service@ssap.cn
邮购地址：北京市西城区北三环中路甲29号院3号楼华龙大厦　社科文献出版社　学术传播中心
邮编：100029
银行户名：社会科学文献出版社发行部　开户银行：中国工商银行北京北太平庄支行　账号：0200010009200367306

图书在版编目(CIP)数据

茂盖图山下的农牧演替:内蒙古扎鲁特旗鲁北镇宝楞嘎查调查报告/金泉著.—北京:社会科学文献出版社,2012.9
(当代中国边疆·民族地区典型百村调查.内蒙古卷.第2辑)
ISBN 978-7-5097-3650-0

Ⅰ.①茂… Ⅱ.①金… Ⅲ.①农村调查-调查报告-扎鲁特旗 Ⅳ.①D668
中国版本图书馆CIP数据核字(2012)第176658号

当代中国边疆·民族地区典型百村调查:内蒙古卷(第二辑)
茂盖图山下的农牧演替
——内蒙古扎鲁特旗鲁北镇宝楞嘎查调查报告

著　者／金　泉

出 版 人／谢寿光
出 版 者／社会科学文献出版社
地　　址／北京市西城区北三环中路甲29号院3号楼华龙大厦
邮政编码／100029

责任部门／人文分社 (010) 59367215　责任编辑／周志静　刘　丹
电子信箱／renwen@ssap.cn　　　　　　责任校对／李海云
项目统筹／宋月华　范　迎　　　　　　责任印制／岳　阳
总　　销／社会科学文献出版社市场营销中心 (010) 59367081　59367089
读者服务／读者服务中心 (010) 59367028

印　　装／北京季蜂印刷有限公司
开　　本／889mm×1194mm　1/32　本册印张／7.875
版　　次／2012年9月第1版　　　　　本册插图／0.25
印　　次／2012年9月第1次印刷　　　本册字数／174千字
书　　号／ISBN 978-7-5097-3650-0
定　　价／148.00元（共4册）

本书如有破损、缺页、装订错误,请与本社读者服务中心联系更换
▲ 版权所有　翻印必究